THE STORY OF STANDUP COMEDY 180 years American Cultural History

スタンダップコメディ入門

「笑い」で読み解くアメリカ文化史

THE STORY OF STANDUP COMEDY: 180 Years of American Cultural History

Saku Yanagawa

フィルムアート社

スタンダップコメディ入門　目次

はじめに

「アメリカでスタンダップコメディアンをしている」

と、初対面の日本人に自己紹介しても、イマイチ伝わりづらいことが多い。

それでも稀に、日本で「スタンダップコメディアン」という言葉がニュースの見出しを飾ることがある。近年で言えば、「ウィル・スミスがオスカーでプレゼンターを務めたスタンダップコメディアンを平手打ち！」や「ニール・ヤングがスタンダップコメディアンのポッドキャストに異を唱えスポティファイから楽曲を削除へ！」、そして「キム・カーダシアンの新恋人はスタンダップコメディアン！」といった具合だ。しかし、そうした記事の中でも、スタンダップコメディアンの活動については触れられることもなく、またスタンダップコメディとはどのような芸能なのかということについてはついぞ語られない。

私の周りでも、多くの人が「スタンダップコメディアン」という職業は、コメディアンなのだからきっとおもしろいことをして笑わせる仕事なのだというところまではわかってはいるが、それがどんな舞台でおこなわれ、また具体的に何をしているのかまでは想像できない、と言う。

かく言う私もそうだった。二〇一三年、大阪大学文学部の学部生だったとき、日本を飛び出し、アメリカでスタンダップコメディアンとして舞台に立ちはじめた。それまで、トム・ハンクス主演の映画『パンチライン』（一九八八）やエディ・マーフィー主演の『ナッティ・プロフェッサー』（一九九六）で目にしたことこそあったものの、スタンダップコメディについての知識は、今になって振り返ると、恐ろしいほどに持ち合わせていなかった。右も左もわからないまま、まさに身ひとつで飛び込んでしまったこの世界。それでもあの日の私には、ステージの上からの景色や、劇場で目にするプロのパフォーマンス、そして詰め掛けた観客のエネルギーといったすべてがとてつもなく魅力的に映った。あれから一〇年がすぎ、多少の山も、想像よりはるかに深い谷も経験したが、幸いあのとき感じたスタンダップコメディの魅力を今も心に感じ続けたまま、シカゴを拠点に連夜ステージに立ち、マイクを握る日々を送っている。

そして今、ネットフリックスやアマゾン・プライムなどの動画配信サービスの普及で、日本にいながらにしてスタンダップコメディの作品を鑑賞することが可能な時代になった（しかも日本語字幕付きで）。しかしそれでもやはり、あまたの専門書や雑誌が溢れる音楽や映画と比べると、どういうわけかスタンダップコメディという文化はこれまでほとんど紹介されずにきた。スタンダップコメディについての卒業論文を執筆する際、日本語の文献を探したがほとんど見つからず閉口し、英語の文献を血眼になって読み漁ったのを覚えている。

本書は、スタンダップコメディの基礎知識はもちろん、アメリカにおけるその受容と成り立ちの歴史、スタンダップコメディを通して見えてくる現在のアメリカ社会について書かれたものである。

第1章では、スタンダップコメディの概略を論じ、第2章と第3章では、専用劇場が誕生するまでを軸に、シーンの発展の歴史を紹介しつつ、第4章では現代のスタンダップコメディアンたちの発言やジョークが巻き起こした論争や議論からアメリカの「今」と、スタンダップコメディが纏《まと》う社会での役割に話を展開したい。

本書が、スタンダップコメディに馴染みのない読者にとっては知るきっかけに、またすでに興味のある読者にとってはより理解を深める手助けに、そしてひいては日本のスタンダップコメディのシーン確立に貢献する一冊たりえたら、この上なく幸せだと感じる。スタンダップコメディをはじめたあの日の私が、スタンダップコメディを深く理解するために、まさに読みたかった一冊を、学術的な見地に加え、パフォーマーとしての視座から書いた。

なお本書では、私自身が拠点を置くアメリカのスタンダップコメディを中心に論じているため、イギリスをはじめとする世界のコメディ事情については触れていないことをあらかじめご了承いただきたい。また詳しくは後述するが、私自身、スタンダップコメディが差別的な表現を必ずしも含む芸能だとは思わないが、その歴史や現状を紹介するにあたり、過激な表現や、差別的な卑語を含む引用が登場する点もご容赦いただきたい。

01

スタンダップコメディとは何か

第1章では、そもそもスタンダップコメディとはいったい何なのか、そしてアメリカにおけるその受容と広がり、あるいはスタンダップコメディアンという職業について、その概略を論じたいと思う。客観的な見地に加え、実際にこれまでステージに立ってきた経験も踏まえ、スタンダップコメディそのものの輪郭を摑む手助けができればと思う［写真1－1］。

スタンダップコメディの定義

これまでさまざまな日本のメディアで「アメリカで活動する日本人スタンダップコメディアン」として紹介していただき、スタンダップコメディについて話してきたが、その多くで最初に聞かれたのは「スタンダップコメディとは何か」という質問だった。劇場はもちろん、テレビや動画配信サービスなどで簡単にスタンダップコメディにアクセスできるアメリカに比べて、日本では触れられる機会

写真1-1　スタンダップコメディの様子。マイク一本で舞台に立つ筆者。会場はあのダン・エイクロイドが作った「ハウス・オブ・ブルース」。観客との距離が近く……怖い……

も少ないせいか、今なおこうした素朴な疑問を多くの人が心に抱いているのだろう。ハリウッド映画で、コメディアンがマイク片手に舞台上で何やら喋り、それに観客が爆笑しているというシーンを観たことがあったとしても、それが何なのかいまいちわからない、という声もよく聞く。

　今、日本語で「スタンダップコメディ」とグーグルで検索すると、約三三万五〇〇〇件の項目がヒットする。その上位に表示されるいくつかのページで、「スタンダップコメディ」とは、という説明がなされてはいるものの、それぞれに内容は異なっており、その定義すら定まっていないようだ。また「スタンダップコメディ」という表記と「スタンドアップコメディ（一八九万件）」という表記が混在しており、その呼称さえいまだ不確実だ。本書ではより英語の発音に近い「スタンダップコメディ」を用いることにする。

はじめに英語でのスタンダップコメディの定義を確認しておこう。『ブリタニカ百科事典』にはこうある。

stand-up comedy, comedy that generally is delivered by a solo performer speaking directly to the audience in some semblance of a spontaneous manner.

スタンダップコメディとは、一般的にひとりのパフォーマーが観客に直接語りかけ、ある種の自発的な方法でおこなわれるコメディのことである。（筆者訳）

前半部分は極めてシンプルだ。パフォーマー、すなわち「スタンダップコメディアン」がひとりで舞台に立ち、マイク一本で、つまり言葉だけで観客に向けて話し、笑わせる、ということだ。では、後半部の「自発的に」とはどのような意味だろうか。この説明をするためには、あえてまず一度アメリカにおけるスタンダップコメディ以外の「笑い」について触れる必要がある。

コメディの三大ジャンル

一般的にこちらで「コメディ三大ジャンル」と呼ばれるのが「スケッチ」「インプロ」そして「スタンダップコメディ」である。

「sketch（スケッチ）」は日本でいうところの「コント」と同義で、一般的には複数の演者が、あらかじめ書かれた台本に則って、舞台上であるキャラクターを演じる短尺の芝居を意味する。日本語の「コント」という呼称は「短い物語、寸劇」を意味するフランス語の「conte」に由来するが、英語では「sketch」つまり「写生図、見取り図」という語を用いる。日常やあるシーンを切り取り、おもしろく「描写する」という意味合いが内包しているのだろう。アメリカにおける「スケッチ」は日本のコントと同様に、衣装や舞台美術、照明や音響を用いて観客に状況を可視化させるので、演劇的な効果を演出しやすい。テレビなどでは、セットを組んで、「sitcom（シットコム）」と呼ばれるより長尺の作品として制作されることもある。

続いての「improv（インプロ）」は、「即興」を意味する「improvisation」を語源にし、日本語ではしばしば「即興劇」とも訳される。台本の用意されている「スケッチ」に対し、「インプロ」は舞台上で演者が観客から「suggestion（お題）」をもらい、場所や人間関係、職業などの設定をその場で作りながら、芝居を展開させるコメディだ。演者は「インプロヴァイザー」と呼ばれ、舞台上で観客のお題にすぐさま反応し、即興の芝居でもって作品を構築し笑わせる瞬発力が求められる。ちなみにこの「インプロ」は私が拠点を置くシカゴで生まれたコメディで、『ブルース・ブラザーズ』（一九八〇）のジョン・ベルーシや、『ゴーストバスターズ』（一九八四）のビル・マーレイなど数多くのスターをコメディ映画に輩出してきた劇団「セカンドシティ」はその象徴のような存在だ。私自身もこれまで「セカンドシティ」でインプロヴァイザーとしても数多くの舞台に立ってきた。ちなみに、歴史的にはインプロの常設劇場はスタンダップコメディよりも前に作られている。

「スケッチ」と「インプロ」が、演者が舞台上であるキャラクターを演じ、笑わせる芸能であるのに対し、「スタンダップコメディ」は演者が自らのまま、自らの言葉で観客に向かって芸を披露することが大きな特徴としてあげられる。だからこそ、そのパフォーマンスや作品には、独自性やアイデンティティ、そしてそのコメディアンならではの視点というものが求められる。また、観客とのインタラクティヴな対話という側面をある程度は持ち合わせつつも、基本的には、一方的に語りかけ、喋り続ける芸能であるがゆえに「自発性」も求められるというわけだ。

ちなみにこれら三つのコメディの中で、現在もっとも広く受容されているのが「スタンダップコメディ」で、たとえばチラシに「Comedy Show」と書かれている場合、それはすなわち「スタンダップコメディ」のショーを意味する。スケッチや「インプロ」の場合は「Sketch Show」や「Improv Show」と表記されるし、スタンダップコメディとインプロが両方おこなわれるショーは「Variety Show（ヴァラエティ・ショー）」なんて呼ばれる。「コメディ＝スタンダップコメディ」と認識されるまでに、アメリカにおけるスタンダップコメディはもっとも一般的なジャンルの笑いなのである。

独自の文化としてのスタンダップ

ここまで論じたところで、「それでは日本の漫談とスタンダップコメディは何が違うのか」と疑問に思われる読者もいることだろう。実際、日本語で「スタンダップコメディ」と調べると「西洋漫談」という言葉で説明されているものも散見される。これは「漫談」という演芸そのものの理解にもよるところなのだろうが、これに関しての筆者自身の見解としては、スタンダップコメディと漫談は似て非なるものだと捉えている。

これから述べていくように、作品の内容そのものはもちろん、歴史的・文化的背景、社会の受容、演者の身体性や、観客との関係性、そしておこなわれる会場の環境など、これまで日本で紹介されてこなかったスタンダップコメディの状況を知ることで、その特異性が見えてくるだろう。こうした特徴は、アメリカの社会やエンターテインメントと密接に結びつき、それぞれが連関しあいながら発展してきた。また、ここであえて筆者自身のスタンダップコメディについての定義を示すとすれば、「コメディアンが舞台の上で、自らの言葉で、自らの視点を笑いにして届ける芸能」ということになる。詳しくは本章でこれから論じていくが、コメディアンその人がその人であることの意義、魅力というのをもっとも体現した笑いの形態こそスタンダップコメディなのだ。

スタンダップコメディアンとは誰か?

スタンダップコメディの担い手、つまり演者は「スタンダップコメディアン」もしくは単に「スタ

写真1-2　みんな大好きロビン・ウィリアムズ。名門ジュリアード音楽院の演劇科を出たのち、スタンダップコメディアンに

ンダップ」と呼ばれる。どちらも名詞として用いられ、「I'm a standup.（私はスタンダップコメディアンです）」というように言うことができる。「comedian（コメディアン）」や「comic（コミック）」という単語も多くの場合、スタンダップコメディアンを指す。

では「コメディアン」という言葉を聞いて、頭に浮かべるのは誰であろう。もちろん世代によりけりだろうが、ハリウッド映画に登場する「コメディ俳優」を想起する読者も多いのではないか。たとえば、ロビン・ウィリアムズ［写真1-2］やエディ・マーフィー、ジム・キャリーといった具合に。彼ら全員に共通しているのは、皆そのキャリアをスタンダップコメディアンとしてスタートさせたことである。

日本においては、映画へ転身する前のスタンダップコメディアンとしての活動やそのコンテンツはほぼ輸入されず、俳優としての映像作品のみが受容されてきた。その要因のひとつにはおそらく、言葉や文化の壁があるのかもしれない。

しかし、ロビン・ウィリアムズは名門ジュリアード大の演劇学科を卒業したのちにサンフランシスコでスタンダップコメディアンとして舞台に立ちはじめたし、エディ・マーフィーもニューヨークで若くして会場を沸かすところを見出され、出世作のテレビ番組『Saturday Night Live（サタデー・ナイト・ライブ）』への出演を勝ち取った。カナダ出身のジム・キャリーは、ロサンゼルスのコメディ・クラブのドアマンとして働き、出演予定のコメディアンに欠員が出た際にバックアップとしてステージに上がることで、チャンスをものにしてスターダムにのし上がった。他にも例をあげればキリがないくらい実に多くのスタンダップコメディアンたちが、その後俳優としてスクリーンの中でその才能を開花させていった。

コメディアンに求められるもの

こうしたキャリアの移行が多くおこなわれてきたのは、スタンダップコメディアンという仕事が、自らネタを書き、演出し、そして主人公としてひとりで舞台に立つという特徴に起因する。スタンダップコメディアンとして成功を収めるには、優れた「作家」であり「演出家」であり、「俳優」であることが求められる。そしてもちろん喋りのみで観客にさまざまな場面を想像させ、笑わせるためには、演技力は不可欠だ。そのためスタンダップコメディアンとしての成功はすなわち、一定以上の演技力の担保でもあるわけだ。

また基本的にはスタンダップコメディアンのすべてが、駆け出しの頃は自らで仕事をブッキングし、ときに自らショーをプロデュースしなければならないため「プロデューサー」としての能力も重要になる。

もちろんそれぞれがとくに秀でた領域を持ち合わせるがゆえに、たとえば「俳優」としては出演していない作品でも、「作家」としてのみ参加するという場合もあるし、複数のジャンルのコメディを実践する事例、たとえばインプロヴァイザーでありながら、スタンダップコメディアンでもあるというキャリアも多く見られる。

いずれにせよ、マイク一本で舞台に立つという極めてシンプルな芸能だからこそ、身につけなければならない技術は非常に高度であり、それだけに、成功の先の映画へのスムーズなシフトというものが数多く見られてきたのだ。

またその一方で、スタンダップコメディアンとしての活動にこだわり続け、その作品をより深めていく求道者も多くいる。伝統的に、まさに今社会で起こっていることを笑いにして描いてきた芸能だからこそ、観客はあらゆる「時事ネタ」をスタンダップコメディアンがどのようにジョークにするかを期待しながら見る側面も大きい。そのため成功を収めたスタンダップコメディアンは、社会の中である種のオピニオン・リーダーとしての役割を担っていくことになる。近年では二〇二〇年、ジョージ・フロイド事件からブラック・ライヴズ・マター運動が再燃した際も、真っ先に声をあげたのは黒人コメディアン、デイヴ・シャペルだった。あるいは歴史を遡っても、教育やアメリカ社会、さらには人生にいたるまで多くのトピックをステージでネタにしたジョージ・カーリンはその発言がいまや「名言」として扱われている。

オピニオン・リーダーとしての役割から、以前からたとえ舞台上の「ネタ」であってもその発言が大きく取り上げられ、賛否を含んだ論争にまで発展することがあった彼らは、その存在や発言そのものがもはやメディアとしての役割を持っているとも言える。そしてそれゆえに、アメリカにおけるスタンダップコメディアンとしての成功はすなわち、大衆からの多くのリスペクトに直結しているのである。

一方、日本のメディアでは、アメリカにおけるスタンダップコメディアンという存在は、この面だけをとりあげてきわめて社会的な役割をまとっていると紹介されることも少なくないが、ここで強調しておきたいのは、そこでいう「スタンダップコメディアン」とはあくまでもテレビや映画などで大きな成功を収めたごくごく限られたスタンダップコメディアンのことであり、数字で見れば、日夜劇場を主戦場にし、ライブを観にやってきた観客を笑わせることを生業にしているスタンダップコメディアンの方がはるかに多いということだ。それゆえ、必ずしもアメリカ国内で「スタンダップコメディアン＝社会的な存在」という見方が通念化しているわけではない。実際私のまわりでは「社会の役に立つために」とか「世の中をよりよくする」といった大義のためにマイクを握るスタンダップコメディアンはむしろ少ないように思う。もっとシンプルに、「観客を笑わせるため」という根源的な動機や、「自分の言いたいことを表現したいから」とか、もっと言ってしまえば「売れてモテたいから」なんていう理由で舞台に立つコメディアンも多くいるのもまた事実である。

ほとんどみんながコメディアン?

では、いったいどれぐらいの数のスタンダップコメディアンがアメリカには存在するのだろか? 正確な数字を算出することは不可能であるが、転職ウェブサイト「Zippa（ジッパ）」には、二〇二二年の段階で、全米で五一八人のプロ・スタンダップコメディアンがいる、とある。

しかし何をもって一人前のとか、もっと言えばプロのスタンダップコメディアンとみなすことができるのかを定義することも難しい。具体的なスタンダップコメディアンのキャリア形成に関しては後述するが、そのほとんどすべてが「open mic（オープンマイク）」と呼ばれるアマチュア・ショーからキャリアをスタートさせる。アメリカ中、どの街でもバーやパブ、劇場などでこのオープンマイクがおこなわれ、名前を書いてサインアップさえすれば基本的には誰でも舞台に立つことができる。多くのコメディアンがこうしたオープンマイクでネタをする「オープンマイカー」から、ショーに出演しギャラをもらう「ワーキング・コメディアン」へ、そしてアルバイトや昼の本業を持たずコメディで生活を成り立たせる「フルタイム・コメディアン」へとレベルアップしていく。

私自身の拠点、シカゴはコメディアンの数という意味においても、アメリカでもっとも大きいコメディシーンを持つ街のひとつとして知られている。コメディアンのみが入会できるフェイスブックのページの会員数を見ても、ギャラをもらって活動しているワーキング・コメディアンは、現在ゆうに四〇〇人を超える。しかし、そのうちフルタイム・コメディアンとなると、わずか三〇人ほどに限定されるのが実情だ。身ひとつでできる上に、ダンスや演劇などと異なり、メンバーとの合わせ練習なども必要ない芸能だからこそ、夜の公演までに本業のオフィスワークをして生活を成り立たせることができる。そうして生計を立てているコメディアンが多数存在できるのだ。また、そうした本業での経験は単に生活のためだけではなく、そこでの経験をそのまま舞台上でネタにすることもできる。

ニューヨークやロサンゼルスなどテレビや映画業界が存在する都市は「フルタイム」の人数が増えると考えても、先述のジッパの全米で「五一八人」という数字は妥当に思える。そしてここに「オープンマイカー」まで含めるのであればその裾野は無限の広がりを見せる。

その上で、興味深いエピソードがある。数年前、シカゴの劇場で舞台に上がり、客席に向かって問いかけたことがあった。「今日ここにいるみんなの中でステージに上がってスタンダップコメディしたことある人？」

数名が手を挙げるだろうな、と思っていたが、私のその予想は大きく外れた。会場の約八割の観客が拍手で応えたのだ。一度でも、オープンマイクをはじめとする舞台に「スタンダップコメディアン」として立ち、ジョークを披露した人の数は想像以上に多かった。

楽屋に戻り、同僚のコメディアンに経験者の割合を伝えると「まぁ驚きはしないな。一度はやったことあるって人は多いだろうよ。でもウケなくて、だんだんと舞台の上から、客席へと戻っていくんだよ！　だからウケ続けた奴だけがこうして俺たちみたいに舞台の上に残っていくのさ」とバーボングラスを片手に得意げに語っていたのが懐かしい。その彼も舞台上で見かけることはついぞなくなってしまったが、なるほどそれだけスタンダップコメディにトライする数が多いのであれば、淘汰の後、残り続けた者へのリスペクトは存在するかもしれないなと妙に合点がいった。

アメリカの学校教育では、「public speaking（パブリック・スピーキング）」つまり「人前で話す」ことが小学校から大学にいたるまで必修科目とされていることが多い。そんな誰もが経験するパブリック・スピーキングの究極の実践が、他者を言葉だけで笑わせるスタンダップコメディなのかもしれない。

自分にもできるはずだ、やってみよう、と果敢にオープンマイクにチャレンジし、そこでスベり、自尊心がズタズタになり客席へと戻っていく者もいる中で、それでもウケたあの日の喜びを忘れることができず、性懲りもなく毎晩舞台に立ち続ける「スタンダップコメディアン」という生き物。かくいう私も、スポットライトの中で、満員の観客を笑わせた際の、あの言いようのない達成感という「魔力」に取り憑かれてしまっているスタンダップコメディアンのひとりである。

コメディ・クラブ

このように多くのアメリカ人にとって馴染み深いスタンダップコメディであるが、そのパフォーマンスを披露する場所はどこなのだろうか。言い換えると、観客はどこでスタンダップコメディを享受することができるのだろうか。もっとも一般的なのは「コメディ・クラブ」と呼ばれるスタンダップ

写真1–3　全国にチェーン展開するコメディ・クラブ「インプロヴ」の開演直前の様子。ディナーを食べながらショーを待つ観客。ここに立つまでに8年かかった……

コメディの専門劇場だ。

通常コメディ・クラブでは、一五〇人から三〇〇人ほどのキャパシティの空間にテーブルと椅子が並べられており、観客は飲食をしながらコメディアンのネタを楽しむ。会場内は照明が落とされているため暗く、一本のマイクとスツールのみが置かれた簡素なステージだけがスポットライトで照らされている［写真1‐3］。

そしてこの「コメディ・クラブでスタンダップコメディを観る」という行為は、多くのアメリカ人にとって別段ハードルの高いアクティヴィティということでもなく、もっとも一般的な娯楽のひとつである。

デートで訪れるカップル、誕生日を楽しく祝いたい友人グループ、しっぽり飲みながら芸を堪能したい初老の夫婦、そして旅行ついでに現地のナイトライフを楽しみたい観光客など、実にさまざまな人びとが、さまざまな目的でコメディ・クラブを訪れる。ただ、その全員に共通しているのは、笑いたいということだ。およそ二〇ドルのチケットも他のライブやコンサートなどに比べるとそこまで高価でもない。映画やテーマパーク、もっと言うとバーに行く感覚で多くの人がコメディ・クラブを訪れる。スタンダップコメディはそれだけ人びとの生活に根強く結びついている、いわば生活の一部のようなレジャーでもあるのだ。

観客は先述のチケット代に加えて、多くのクラブが課す「2ドリンク・ミニマム」と呼ばれる二杯以上のドリンクのオーダーをする必要がある。そしてそのメニューはほとんどがアルコール類であるため、お酒を飲みながらショーを観ることが通例化している。キッチンを備えたクラブでは軽食の注文も可能だが、暗い劇場内での食事よりは、よりネタに集中しやすいビールやカクテルを好む観客が多いのが実情といえる。

私自身がレギュラー出演するシカゴのクラブ、「ラフ・ファクトリー」を例にとると、週末は一九時半、二一時半、二三時半と三回回しでショーがおこなわれるため、単純計算でも三〇〇人×三公演で九〇〇人の来場に対し、ひとり二杯の注文で一晩だけで合計一八〇〇杯のドリンクが売れるわけだから、クラブの利益としてはチケット代というよりもむしろ、飲食での儲けの方が大きいと言える。そのため各クラブには必ず、プロのバーテンダー、サーバーが勤務しており、バーテンダーは多くの種類のカクテルを凄まじいスピードで作るし、サーバーは暗いショールームをコメディアンのネタ中に歩き回り、オーダーを取った上で迅速に運ぶというスキルが求められている。こうしたサーバーや受付などをしながら、舞台に立てるチャンスを求めるコメディアンも多くいる。

余談ではあるが、ネタ中でもサーバーが観客の注文を取ったり、ドリンクをテーブルに運んだりするため、時として、グラスが割れたり、声の大きな客の注文が会場中に響き渡ったりという予期せぬアクシデントが起こる。そして駆け出しのコメディアンはこうした、いわば観客の集中力が切れやすい時間帯の出番に組み込まれることが多い。その状況をアドリブで笑いにしなければならないのである。また、観客も「このコメディアンはおもしろくないな」と思えば、容赦なく一斉にサーバーを呼びつけ「おかわり注文タイム」がはじまる。一気に会場中がざわつくのだ。それでも毎晩そうした舞台に立ち続けることで、スタンダップコメディアンたちは少しずつ強くなっていくのだ。

「大人」の芸能

コメディ・クラブはお酒を提供する場所であり、観客もお酒を飲みながら鑑賞するのが一般的だという前提が、スタンダップコメディという芸能の特性と大きく結びついている。というのも、酒類を提供するため、多くのコメディ・クラブの場合、入場できるのは成人のみで（成人年齢は州によって異なるが、たとえば筆者が活動の中心にしているシカゴがあるイリノイ州では二一歳以上）受付での身分証明書の提示が必須となっている。そのため、前提としてコメディ・クラブで展開されるのは「大人に向けた笑い」なのである。だからこそ、基本的には公演は夜におこなわれ、ナイトライフの楽しみとして観客は足を運

写真1–4　ハリウッドで今も営業を続ける「コメディ・ストア」。最初のスタンダップコメディ専用劇場。連日多くのコメディファンで賑わう

ぶ。そこで話される内容は、テレビから流れてくるような、家族みんなで楽しめる健康的な笑いとは一線を画すというわけだ。

　こうしたコメディ・クラブのあり方は、その歴史的背景に起因する。アメリカで最初のコメディ・クラブができたのは一九七二年。今からおよそ五〇年前のことになる。若者を中心としたスタンダップコメディ人気の高まりとともにロサンゼルスに現在も残る劇場「コメディ・ストア」がオープンしたのがはじまりで、そこから各地でクラブが続々と誕生していった［写真1－4］。

　それ以前はいったいどこでスタンダップコメディがおこなわれていたのかといえば、ジャズ・クラブやキャバレー、リゾートのホテルであった。後ろにジャズバンドを従えた往年のスタンダップコメディアンの像を思い浮かべる読者もいるだろう。あくまでもジャズやダンスの添え物だったスタン

ダップがついにその専用の「場」を得てから、意外にもまだそれほど年月は経っていない。

いずれにせよ、上記のようにスタンダップコメディが夜の社交場で発展してきた芸能だからこそ、酒との結びつきはきわめて強い。映画にはポップコーンとコーラ、野球にはビールとホットドッグであるように、今もアメリカ人にとって、スタンダップコメディには酒と酒がよく合うのだ。

ちなみに、産業リサーチを専門におこなう企業、IBISワールドの調査によると、二〇二二年の時点で、全米で実に五〇一カ所がコメディ・クラブとして登記されているという。コロナ禍で廃業に追い込まれたクラブも少なくなく、その数は二〇一七年からの五年間で見ると、約二・八％減少したとあるが、それでも全米五〇州と考えると、各州に平均一〇カ所は存在する計算になる。さらにはスタンダップの専用劇場でないバーや、パブ、シアターなどでも連夜ショーはおこなわれているので、会場自体は数限りなく存在している。シカゴを例にとると、市内だけでも常設のコメディ・クラブは六カ所、郊外にまで範囲を広げると二〇カ所はゆうに上回る。そしてバーでのショーは、平日でも市内だけで二〇カ所以上でおこなわれているため、こうして私が執筆している今でも、町中、方々でスタンダップコメディがおこなわれているということになる。

ショーの分類

スタンダップコメディのショーは、ショーの主催とその形式で区分することができる。ショーの分類は、そこで演じられるネタや空気の違いにも反映されている場合が多く、ある程度スタンダップコメディに親しんでいるコメディ・ファンなら、こうした違いにも気を配っている。まず、コメディ・クラブが主催となっておこなわれるショーは「club show（クラブ・ショー）」と呼ばれる。通常、各クラブには「booker（ブッカー）」と呼ばれるブッキング担当がいる。オーナーがこの役職を担う場合もあれば、目利きのブッカーを専門に雇っているクラブもある。コメディ・クラブが主催し、コメディ・クラブでおこなわれるこのクラブ・ショーでは、ブッカーによって選ばれたコメディアンたちがネタをかけ、彼らはクラブから直接ギャラを、多くの場合は小切手で受け取る。

対して、コメディアン自身がショーの主催者、つまりプロデューサーとなっておこなうショーを「indie show（インディ・ショー）」または「independent show（インディペンデント・ショー）」と呼ぶ。この場合、企画から、会場押さえ、ブッキング、宣伝などもすべてコメディアンがおこなう。開催場所はさまざまで、ステージのあるバーなどで公演がおこなわれる場合もあれば、コメディ・クラブでおこなわれる場合もあるため、「コメディ・クラブでのインディ・ショー」も存在する。

そしてこのインディ・ショーがニューヨークやシカゴなどの大都市で時代を作ってきた。クラブ・ショーと比較しても、より自由な形で特色のある公演が打ち出されるので、クラブでは決して見ることのないラインナップやコンセプトを楽しみたいコアなコメディ・ファンはこのインディ・ショーに積極的に足を運ぶのだ。たとえば近年流行りの「Don't Tell Comedy（ドンテル・コメディ）」と呼ばれるショーは、その名の通り、観客はチケットを買うまでどこの会場かも、どのコメディアンが出るかも知らされない。当日までのお楽しみなのである。普段コメディがおこなわれないおしゃれな会場であったり、あっと驚くラインナップ、まさかの大物飛び入りゲストなど、サプライズも含んだ人気ショーだ。そして、こうしたインディ・ショーはコメディアンにとっても、クラブの中間マージンがないので、より多くのギャラを得ることができるというメリットがある。さらに、コメディアン同士が互いに自身のショーにブッキングし合うことで繋がりを深めていくという意味合いもあり、結果的にそれがより多くの舞台の時間を得ることに繋がる。ステージの経験が自身の実力を伸ばすことになるため、こうしたインディ・ショーのプロデューサーになることが実はクラブ・ショーにコンスタントにブッキングされる近道だとも言われている。

次に上演の構成、形態から見る区分についてだが、「showcase（ショーケース）」と「headliner show（ヘッドライナー・ショー）」のふたつに分けることができる。

まずは「ショーケース」。日本語では「見本市」を意味するこのショーは、演芸場の寄席をイメージするとわかりやすい。約九〇分間の公演に、およそ五人から一〇人のスタンダップコメディアンが出演するのが通例だ。「host（ホスト）」と呼ばれる司会のコメディアンが客いじりなどで会場をあたため、そこから代わる代わるコメディアンたちが舞台に立ち、皆ほぼ均等に約八分から一五分間のネタをかける。もちろんギャラも均等。観客はこれといったお目当てがいなくても、「見本市」を見ることによってお気に入りのコメディアンに出会うことができ、そこからソロ公演に足を運んでみようともなるわけだ。

その「ソロ公演」にあたるのがいわゆる「ヘッドライナー・ショー」。ヘッドライナーとは「大トリ」のこと。つまりポスターの顔になる看板コメディアンだ。ソロ公演といっても大抵の場合、ショーケースと同様に、まずはホストが一〇分ほどジョークで会場をあたため、「featured（フィーチャード）」と呼ばれる前座が二〇分ネタをかける。そしてヘッドライナーが六〇分の作品を披露するのが一般的だ。このヘッドライナーになることで、ようやく一人前のスタンダップコメディアンとして認められる。六〇分間観客を笑わせられてこそ、ようやくなんとか食っていけるだけのギャラを手にすることができるのだ。

ギャラの話で言えば、ショーケースに出演した場合、一回のパフォーマンスに対して二〇ドルから、どんなに多くても五〇ドルほどの出演料しか得られない。だからシカゴやニューヨークのコメディアンは金曜や土曜などは、クラブを「double up（ハシゴ）」して複数のショーケースに出演する。最初のショーはAというクラブで二〇時から、次のショーはBで二〇時半からという場合は、Aのブッカーに事前にその旨を伝え、前半の出番にしてもらい、出番が終わるや否や会場を後にしてあらかじめ呼んでおいたウーバーに乗り込みBに急行する。Bでは後半の出番にしてもらうことでなんとか両方のショーに出演できるのである。しかし、その際のウーバーやタクシーの交通費は支払われないため、結局は蓋を開けてみれば赤字だったなんてことはよくある。それでも「シカゴで、またはニューヨークで活躍している」という実績が地方でのヘッドライナーとしての公演に繋がる。ヘッドライナー・ショーでは、金曜日から日曜日まで五本から六本のショーをすれば、一五〇〇ドルから三〇〇〇ドルのギャラを手にすることができる。こうしたツアー公演を最低でも月に二回から三回できれば、なんとかフルタイムのスタンダップコメディアンとして生活を成り立たせることができる。

ニューヨークやシカゴ、ロサンゼルスのように、コメディアンの数が多く、その層が厚い地域では、ショーケースを常時おこなうことが可能だが、そもそも地元コメディアンの人数が足りない地方のクラブでは、上記の都市から週末のみヘッドライナーを招いて興行をおこなうことが多い。平日はプライベート・イベントに貸し出したり、ポッドキャストの公開収録として使用したり、場合によっては店を閉めることもある。経営のためにも週末で確実に利益を出したいクラブは、チケットセールスの見込めるヘッドライナーを求めるし、コロナ以後ブッカーはよりそうした目に見える数字を重視するようにシフトしてきている［表1］。

このように、都市圏のコメディアンは、平日は都市のクラブなどでおこなわれるショーケースに出演しながら腕を磨き、週末に地方に遠征をしヘッドライナーとして巡業し長尺でネタをかけるのが、コメディアンとしての生き術となっている。

私自身、これまで多くの都市でショーケース、ヘッドライナー・ショー双方に出演してきたが、観客にとっても、そしてコメディアンにとっても、よりスタンダップコメディの魅力を凝縮しているのはショーケースのように思う。

もちろん観客にとって、自分のお目当てのコメディアンの話芸をたっぷりと聴くことのできるヘッ

	ラフ・ファクトリー（イリノイ州シカゴ）の場合	ファニーボーン（ネブラスカ州オマハ）の場合
月	20:00–21:30 クラブ・ショー／ショーケース	休み
火	20:00–21:30 クラブ・ショー／ショーケース	休み
水	20:00–21:30 インディ・ショー／ショーケース	休み
木	20:00–21:30 クラブ・ショー／ショーケース	20:00–22:00 オープンマイク
金	19:30–21:00 インディ・ショー／ショーケース 21:30–23:00 クラブ・ショー／ショーケース 23:30–25:00 クラブ・ショー／ショーケース	19:45–21:15 クラブ・ショー／ヘッドライナー・ショー 22:30–24:00 クラブ・ショー／ヘッドライナー・ショー
土	19:30–21:00 クラブ・ショー／ショーケース 21:30–23:00 クラブ・ショー／ショーケース 23:30–25:00 クラブ・ショー／ショーケース	19:45–21:15 クラブ・ショー／ヘッドライナー・ショー 22:30–24:00 クラブ・ショー／ヘッドライナー・ショー
日	19:30–21:00 インディ・ショー／ショーケース	休み

表1 シカゴのクラブとオマハのクラブの一週間（2023年3月）。週休4日というクラブの方が全国的にはむしろ多数派。それでも利益が出る不思議

ドライナー・ショーは十分な満足感を得られるものには違いない。だがそれ以上に、より多くの人に出会えるショーケースは、観客にとって新しい気づきを得られる絶好の機会のように思う。スタンダップコメディが、「視点を笑いで届ける芸能」であるのなら、より多くの異なる視点に出会える場所、それこそがコメディ・クラブである。言い換えれば、自分と意見の異なる人に出会い、そしてそれを笑っていい場所なのだ。

　私たちコメディアンにとっても、必ずしも自分だけを観に来たわけではない観客を前にネタ

をかけることは難しさを伴う反面、非常にやりがいがある。なかば「信者」のようにひとことひとことに頷き、自分とまったくもって同意見のような反応の観客の前でおこなう公演は、むしろ「集会」で、およそスタンダップコメディが志向しているものとは異なるように思えてならない。私のことを知りもしない、そしてときには大きく意見だって異なる観客ばかりで、一見アウェイに見えても、彼らの心をその場で摑み、そして爆笑させることができたら本当の意味での対話を育んだことになる。

昨今、分断が可視化されていると言われるアメリカ社会において、たとえ舞台上のコメディアンと自身の意見が異なっていても、そして隣に座る今日はじめて会った観客と自身の意見が異なっていても、ひとりのコメディアンの同じジョークに同じタイミングで笑えたのならその瞬間、その空間には分断など存在しなくなると私は信じている。そんな「聖域」でもあるコメディ・クラブの舞台がたまらなく好きで、今日も舞台に立っている。

コメディ用語

スタンダップコメディには独自の用語が存在する。日本のお笑いにも共通するものもあるが、ニュアンスが異なるものも多い。これらの言葉を解説することで、スタンダップコメディ自体の特徴についても触れることができればと思う。

まず、スタンダップコメディアンは舞台上で「ネタ」をかけるわけだが、この「ネタ」は英語で「set（セット）」や「material（マテリアル）」「routine（ルーティーン）」と呼ばれる。テレビのゲスト出演でおこなうような五分間の短い「セット」から、ヘッドライナーのように一時間の「セット」まで、あたえられた持ち時間の中に、コメディアンはいくつもの「joke（ジョーク）」を入れ込んでいくのだ。

ちなみにこの「ジョーク」というのは、「punchline（パンチライン、オチ）」を含んだ短い小噺を指すが、「ジョーク」が成立するために必要な、それまでの背景ストーリーや、前フリ、そして自身のバックグラウンドの説明などが加わったものを「bit（ビット）」と呼ぶ。

つまり「ジョーク」に背景が加わることで、ひとつの「ビット」となり、そうした「ビット」が集まって構成されるのが「セット」だというわけだ。

余談だが、この「ビット」という言葉を考案したのは、『トム・ソーヤーの冒険』や『ハックルベリーフィンの冒険』でも知られるアメリカ文学の祖、マーク・トウェインだと言われている。各地を巡る講演の中でしきりにこの「ビット」という語を用いたとされる。そのため、現在アメリカのコメディ界における最大の栄誉は「マーク・トウェイン賞」と呼ばれている。

また、一口に「スタンダップコメディ」と言っても、そのスタイルにも実にさまざまな呼称がある。日本語で言う「ひとことネタ」は「one line（ワンライン）」で、それを得意とするコメディアンは「one liner（ワンライナー）」と呼ばれる。必ずしも直接的な繋がりを持たない短いジョークをテンポよく繰り出しセットを構成するスタイルは、日本のお笑いでも多く見られるが、アメリカにおいてもテレビや舞台で長らく受容されてきた。

そして、より長尺の、起承転結を含んだエピソードを話すスタイルは「story teller（ストーリー・テラー）」と呼ばれる。あるストーリーを観客と共有し、その中で起こった出来事を笑いにするのだ。オチまでに、背景や、コメディアン自身の見解を過不足なく丁寧に話す必要があるので、そうした「delivery（フリ）」が不可欠で、文字通り観客をうまく「運ぶ」必要があると認識されている。そのため、完成度の高い、笑えるビットは「よくできた」という意味で「well delivered」なんて呼ばれている。

もちろんすべてのスタンダップコメディアンを「ワンライナー」と「ストーリー・テラー」のどちらかに当てはめられるわけもなく、両方をハイブリッドにして中尺のネタをかける「semi one liner（セミ・ワンライナー）」なんていうスタイルもある。

楽屋ではコメディアン同士でも、

「What's your style?（君たちはどんなスタイルなの?）」

「I'm a storyteller.（僕はストーリー・テラーだね）」

「I'm an one-liner.（私はワンライナーなの）」

という会話が頻繁になされる。

また、「written material（あらかじめ脚本に書いたネタ）」をするのではなく、舞台上でアドリブ的に観客と対話する、いわゆる「crowd work（客いじり）」を得意とする即興要素の強いコメディアンも存在する。

ヘッドライナー・ショーなどのように長い持ち時間の舞台の場合、一時間も一方的に話すと、お酒の入った観客はときに集中力が続かないため、少なくとも約一五分間はこうした観客とのインタラクティヴな対話に充てられることが多い。日本の客いじりで伝統的におこなわれてきた「べっぴんさん、べっぴんさん、ひとつ飛ばしてべっぴんさん」のような、定型化されたものとは異なり、たとえば客席に向かって「今日カップルでデートに来てる人はいる？」などの質問を投げかけ、それに答えた観客をピックアップし、「付き合ってどれくらいなの？」とか「どちらから声をかけたの？」「お互いの第一印象は？」などと実際に会話を重ねていく中で、笑いに変えていくのである。

もちろん、これらのすべてが完全に即興というわけではなく、長年の経験に基づき、ある程度の答えは予測しながら、自らの得意な引き出しへと呼び込み、笑いにするというカラクリなのだが、こうした客いじりもアメリカのスタンダップコメディアンには欠かせない技術である。

そして当然のことであるが、コメディアンに「read the room（会場の空気を読む）」ことは不可欠で、彼らはどのような客層が、どのようなネタに笑っているのかを出番前、舞台袖から注意深く見つめる。その日最初のコメディアンとして舞台に上がったホストが会場を「warm up（温める）」のを見ながら、どのネタをかければいいのかを決めるのだ。深夜のショーでは「edgy（攻めた）」ジョークや「blue material（下ネタ）」が好まれることが多いし、比較的早い時間帯では「clean（クリーン）」な笑いが求められることも多い。

言葉の違いから見るコメディ観

ここまで見てきたところで、日本のお笑いとの共通点を見出す読者も多くいるだろう。確かに意外にも一対一で対応するコメディ用語も多く存在する。私自身、アメリカでスタンダップコメディをはじめた際、「フリ」などはもちろん、内輪の話を笑いにする「inside joke（楽屋オチ）」や、同じジョークを繰り返すいわゆる「tag（天丼）」でさえ、ほぼ同義で英語にして言い表せられることに驚いた。

その上で、同義の言葉そのものは存在していても、その表現方法が大きく異なる事例も多く見られる。たとえば、日本語でいう「オチ」や「サゲ」は「punch（殴る）」と表現されるし、「ウケる」は「kill（殺す）」とか「destroy（破壊する）」「crush（壊す）」や「murder（殺す）」と言う。「スベる」ことも「bomb（爆弾を落とす）」「die（死ぬ）」だから穏やかではない。「殺せ」なければ、舞台上でコメディアンの方が「死んで」しまうのだ。

客も「いじる」なんて生半可なものではなく、「crowd work」だから直接「働きかけ」なければならない。舞台に上がった瞬間からコメディアンと観客の間には張り詰めた緊張が存在しているからこそ「ice break（アイス・ブレーク）」も「warm up（ウォーム・アップ）」も必要になってくる。

こうした表現の違いこそ、日本とアメリカのコメディの違いそのものを如実に表しているように思えてならないのである。私が日本とアメリカ両国で舞台に立つ中で肌で感じたのは、アメリカにおいてはスタンダップコメディアンと観客が常に対峙しているということだった。言い換えれば対等な関係であり、観客は決してコメディアンの話を受け身で聴く存在ではない。アメリカでは、ひとたびコメディアンをおもしろくないと思えば、客席から「heckle（ヤジ）」を飛ばしてくる「heckler」もいるし、コメディアンはそれをうまく捌いて「破壊」しなければならない。以前はデリバリーの最中に、「俺はそれは違うと思うぞ」と舞台に上がり込んできた客もいた。酔っ払った観客にビール瓶を投げつけられたこともあった。そして逆に受け身でおとなしい観客は「obedient（従順な）」と表現され、コメディアンたちの天敵とされている。楽屋でも、出番を終えたコメディアンが、「Today's audience is obedient.（今日の客はおとなしいぜ）」と文句を言っているのをよく聞く。

ときに怒号も飛び交うコメディ・クラブのそんな「殺し合い」のようなステージで、揉まれて揉まれてときに死んでも、それでも「kill」し続け、舞台に立ち続ける者たちを観客ははじめて「スタンダップコメディアン」と呼ぶのだ。

成功までの道のり

ジョージ・カーリン、リチャード・プライヤー、ウーピー・ゴールドバーグ、ロビン・ウィリアムズ、エディ・マーフィー、ジム・キャリー、デイヴ・シャペル、クリス・ロックにケヴィン・ハート。映画館のスクリーンやテレビ画面、そして数万人の観客を前に輝くスタンダップコメディアンたち。

これまで多くのレジェンドたちがたったひとりで、それもマイク一本で満員のスタジアムやマディソン・スクエア・ガーデンを熱狂させてきた。

しかしそんな彼らもみな、最初の舞台をアマチュア・コメディアンとして踏んでいる。そこからどのようにしてキャリアを積み重ね、「成功」を手にしていくのか。もちろんその道は現在、プラットフォームの増加や、人びと、そしてコメディアン自身の価値観の広がりとともに多様化をみせているが、ここでは一般的なスタンダップコメディアンの成功の道のり、つまりは「オープンマイクからアリーナまで」の道のりを論じたいと思う。

すべてのはじまり——オープンマイク

私を含めたアメリカのほぼすべてのスタンダップコメディアンは、誰かに弟子入りするわけでもなく、養成所に入所するわけでもなく、「オープンマイカー」としてキャリアをスタートさせている。つまりはオープンマイクに自らサインアップして最初のネタを披露しているのだ。

コメディ・クラブなどが運営し、ジョークの作り方などを教えてくれる「コメディ・スクール」と呼ばれる場もあるにはあるが、必ずしも参加者はプロのコメディアンを目指しているわけではなく、むしろ人前で喋ることへの抵抗をなくし自信をつけたいなどの動機の方が多いと聞く。また、日本のお笑い養成所のように卒業後にデビューまでのチャンスが用意されてるわけでもない。そして何より、クラス内で各自がネタを持ち寄り披露するという点では、形を変えたオープンマイクに他ならない。

ちなみにこのオープンマイクという催しは、何もコメディに限ったことではなく、ジャズも、ブルースやロックも、そして詩の朗読などでも存在する。ただ、スタンダップコメディがもっとも一般的で、単に「mic（マイク）」といえば、スタンダップコメディのオープンマイクを指すことが多い。

アメリカのどの街でも、バーやコメディ・クラブで毎晩オープンマイクが開催されている［写真1-5］。いつ、どこで、マイクがおこなわれ、そしてどのようにサインアップをすればいいかをまとめたウェブサイトやブログなども多数存在しており、コメディの世界へ足を踏み入れる人びとも簡単に情報を得られるというわけだ。シカゴを例に見てみると、二〇二二年一一月現在、月曜日から日曜日まで、市内に限っても実に九七カ所でマイクが開催されている。大阪市とおよそ同じ人口規模の二六九万人に対して、一日平均でもおよそ一四カ所でおこなわれているわけだから、いかに根を下ろした文化かがわかる。

参加登録の方法はマイクによって異なるが、たとえばバーでのマイクであれば、参加者は営業時間前の一六時までに到着し、自分の名前を小さな紙片に書く。するとそれが他の参加者の紙片とともにバケツに入れられて、一七時に主催者がランダムに一枚ずつ「drawing（クジ引き）」していくのだ。必ずしも全員が選ばれるわけではなく、抽選で当たった二〇名から三〇名の名前が呼ばれる。当たらなかった者は自動的に翌週に回される。自分の名前が呼ばれなかったのを確認するや否や、また別のマイクの抽選へと向かうマイカーたちもいる。コメディ・クラブが主催するオープンマイクはことさら

写真1-5 シカゴのバーでおこなわれているオープンマイクの様子。観客に完全無視を食らうことも。そんな日は、バーでヤケ酒を煽る。バーがますます儲かる……

人気があるため、このクジ引きを突破するのも至難の技だ。ショーの前におこなわれる抽選とサインアップに長蛇の列ができていることも少なくない。

ただし、よっぽど不運でないかぎり、どこかの会場ではマイクを握ることはできる。その意味でも、誰しもがスタンダップコメディをはじめられる機会こそがオープンマイクなのだ。その入り口は誰にでも解放されているのである。

参加者にはみな平等に三分から五分間の持ち時間があたえられ、テンポよく舞台に立っていく。参加費は払わなくてよいが、たいていの場合ドリンクの注文が求められるので、マイクの開催はバーからしてもありがたい。平日に数十名の客が確保できるわけだから、コメディアンが店にオープンマイクの開催を頼み込んでも、快く引き受けてくれることが多い。

参加者の年齢層はバラバラだが、そもそもバーに入れる年齢、つまり成人以上であることが条件になるためあくまでも「大人向け」なのは変わらない。親同伴でやって来るティーンもいるにはいるが非常に稀だ。むしろある程度の人生経験を経た三〇代や四〇代ではじめる事例の方が多い印象さえ受ける。

ではは客層はどうか。そもそもオープンマイクをわざわざ観にくる観客などはほとんどいないし、客席を見渡しても、そこにいるのは出番を待つ参加者と、その友人ぐらいだ。出番を待ちながら、緊張の面持ちで舞台を見つめる者もいて笑いが起こらないこともよくある。営業時間のバーでおこなわれるマイクでは、酔った一般客の話し声に参加者の声が負けてしまうことさえある。コメディ・クラブでおこなわれるマイクも、プロのショーのはじまる前、つまり平日の一七時半からはじまることも珍しくない。私のオープンマイク・デビューも、ニューヨークのクラブにて、ショーの開演前におこなわれたが、客席にはオープンマイクの参加者しかいなかったし、スタッフたちがその後の「本番」に備えて、慌ただしく準備をしていたことをよく覚えている。そしてわたしを含め、全員がkillできずに死んでいった。

それでも奇跡的にウケることはある。そしてその奇跡がオープンマイカーを次のステップへと誘うのである。

先ほど、オープンマイクは誰でもスタンダップコメディを「はじめられる」イベントだと書いたが、参加者はアマチュアだけではない。マイクの司会は、それなりの経験を積んだコメディアンがおこなうことが多いし、コメディアンがオープンマイクそのものを主催していることもある。それにより彼ら自身も新しいネタを試すことができるし、定期的に舞台の時間を確保することができるわけだ。そこにコメディアン仲間がやってくることもある。馴染みのバーでおこなわれていたりもするので、一杯やりがてら新ネタを試そうか、くらいのカジュアルな姿勢でやってくる。そうしたプロは抽選のプロセスをすっ飛ばし、マイクの最初の時間帯に飛び入りでステージに上がり自分のネタを終わらせるが、その後一杯飲みながら見ていたマイクの参加者の中に「おもしろい」と思う逸材がいたら、声をかけるなんてこともある。

「来週の水曜日の夜、俺がプロデュースしてるショーに出ないか?」

インディー・ショー――次のステップ

こうして見出されたオープンマイカーはまずひとつ階段をのぼることができる。インディ・ショーへの出演だ。最初は短い時間で、もちろんギャラなんて出ない。「bringer show（ブリンガー・ショー）」といって、観客を連れていかなければいけないショーもある。日本で言うところの「ノルマ制」に近い。それでも、着実に笑いを取り続けることで、別のコメディアンの主催するショーや、わずかながら出演料をもらえるインディ・ショーにも誘われるようになる。出演料が発生するこうしたショーを

「paid gig（ペイド・ギグ）」と呼ぶ。

するとコメディ・クラブでおこなわれるインディ・ショーにも呼ばれることも増えてくる。運が良ければ、クラブのブッカーがネタを見ていて、そこでもおもしろい、と認められることで晴れてクラブ・ショーに出演が叶うケースだってある。最初は平日のショーの五分ほどの「スポット」を月に一回。ここで結果を出すことで、持ち時間が八分に、一〇分にと増していくし、出演頻度も上がり、週末にだって食い込んでいけるようになる。

ただ、この時点ではコメディだけで食えるはずもなく「デイ・ジョブ」をしながら、なるべく多くの舞台に立ち続け、呼ばれればすべてのショーに出て貪欲に経験を積まなければならない。五分間のネタのために片道二時間かけて運転することもある。ほとんどのコメディアンの場合、マネージャーもいなければ、事務所にも所属していないため、最初のうちはネットワーキングも売り込みも自分ひとりでおこなう。

自分の出番がない日でも、クラブに足繁く運んでコメディアン仲間たちと交流する「hangout（ハングアウト）」も決して無駄ではない。その日舞台に出る予定だったコメディアンに欠員が出て、たまたま空いたスポットが回ってくることもある。まわりのコメディアンからもブッカーからも認知されることで、自ずとチャンスは増えていく。もちろんクラブのバーでコメディアンたちとただ酒を飲んでいればいいわけではない。毎晩出演しないのに、クラブにやってきては知った顔でくだを巻くだけのベテランを何人も見てきた。

自分自身を売り込むコメディアンにとって欠かせないのが「clip（クリップ）」と「bio（バイオ）」だ。「クリップ」とはネタの映像、「バイオ」とはプロフィール、経歴のことである。自身が観客の前でネタをかける五分から八分のライブ映像と、プロフィール情報をブッカーやインディショーを主催するコメディアンにメールで送るのだ。そこではどれだけプロフェッショナルな舞台に立っているかを見られるし、音声のクオリティも重要視される。そのためにもいいショーに出ておかなければならないし、経歴もどれだけ「credit（実績）」があるかを見られる。ブッカーの元にはこうした新規コメディアンからのメールが毎日五〇〇通は届くという。この中で際立った存在にならなければ次のステップには進めない。

キャリアを重ねて大舞台へ

各地でおこなわれている「comedy festival（コメディ・フェスティバル）」への出演も大きな実績になる。規模の小さいものから大きいものまで、アメリカだけで年間二〇〇を超えるコメディ・フェスティバルが催されており、短いものでいうと週末のみ三日間、長ければ一カ月に渡っておこなわれ、アメリカ中から、もっといえば世界中からコメディアンが集い、自信のネタを見せる。基本的にはウェブサイト上から、コメディアン自らがクリップとバイオを添付して「submission（応募）」し、それを主催側が「accept（選ぶ）」形をとる。多くの場合三五ドルの応募料がかかり、めでたくフェス出演が決まっても、会場までの飛行機代も宿泊代も、出演料すら出ない。それでもフェス出演という「実績」を求めて、定員をはるかに超すコメディアンが応募してくるのだ。また、こうしたフェスへの参加により、全米のコメディアンとの繋がりを構築できるだけでなく、情報交換はもちろん、別の地域に遠征した際にショーを紹介してもらえたり、ブッキングしてもらえたりするというメリットもある。

「competition（賞レース）」も大きな実績になる。シアトル、サンフランシスコなどでは一カ月間に渡っておこなわれる大会が四〇年以上続いているし、ボストンの大会からもエモ・フィリップスやネイト・バルガッツィなど数多くのコメディアンがスター街道を歩んでいった。多くの賞レースが、審査員として各地のクラブのブッカーや、テレビのキャスティング担当などの「industry（業界人）」を呼んでいるので、そこで彼らの目に止まることも少なくない。こうした賞レースでの優勝、入賞などという結果がその後の実績になるのは自明だが、大勢のエントリーの中から選抜され出場したということ自体も実績になる。しかし、そもそも大会に選出されるために際立った実績がなくてはならないのもまた事実だ。

ヘッドライナー・ショーで「opener（オープナー）」を務めることも「実績」になる。「オープナー」とはホスト（司会）とフィーチャード（前座）を指すが、「〇〇のオープナーを務めた（I opened for ~.）」という経歴が非常に大きな意義を持つ。むろん、この〇〇がビッグネームであればあるほど効力を発揮する。とくに地方に拠点を置き、ショーケースよりもヘッドライナー・ショーをおこなうことの多い地域で活動するコメディアンにとっては、こうしたオープナー経験がステップアップに直結する。へッドライナーの前で一〇分から二〇分ネタを見せることになるので、直接看板コメディアンから見出されることも珍しくない。「次のツアーに一緒に行こう」と声をかけられ、一気にチャンスが広がったコメディアンを数多く見てきた。

このような実績が着実に積み重なり、ようやくクラブからも一人前と見なされれば、晴れてクラブの「レギュラー」を勝ち取ることが叶う。ここまでくれば、たとえブッカーに向こう二カ月の予定を送るのを失念していても、ブッカーの方から連絡してくるようになるだろう。

と、ここまでコメディアンのキャリアの流れを駆け足で書いてはみたが、私のまわりのコメディアンたちを見ていても、また私自身の経験を踏まえても、はじめてのオープンマイクからレギュラーとなるまでに、総じて平均でもおよそ一〇年の歳月を費やす。どれだけ若くても二一歳でオープンマイク・デビューするため、クラブのレギュラー格となると二〇代はほとんどいないということになる。

割合でみても、オープンマイクの舞台に立った者のうち、レギュラーになるまで残ったのは一%にも満たないだろう。厳しい世界だ。しかし、たとえレギュラーとなり、一カ月のカレンダーをペイド・ギグで埋めることができたコメディアンたちでさえ、それでもコメディだけで食っていけるかというと心もとないと言わざるをえないという現実が、よりこの世界の厳しさを物語っている。この時点ではデイ・ジョブを辞めるのは得策とは言えないだろう。

先述の通り、ここからヘッドライナーに、それもコンスタントにヘッドライナーとして活動できるようにならなければ、金銭的な安定からはほど遠い生活を送らなければならない。では、こうしたシヨーケースでのレギュラー、またはオープナーとしての地位を確立した後に、どのようにキャリアをアップグレードしていくことができるのだろうか。

フェスとテレビ

われわれスタンダップコメディアンの間では、「career booster（キャリア・ブースター）」という言葉がよく用いられる。キャリアをブーストするもの、つまり自身のキャリアを劇的に変えてくれる実績、という意味だ。何がキャリア・ブースターになるかは時代とともに大きく変化してきた。その歴史的変遷に関しては第2章と第3章で後述するが、今も昔も変わらないブースターもたしかに存在する。

その代表的なものが「権威ある」フェスティバルや賞レースへの出演だ。先述の、コメディアンが自ら応募する形式のものとは異なり、主催者側がスカウトして声を掛ける招待制のフェスや賞レースは、出演するだけで格が上がる大きなチャンスだ。

例をあげよう。もっともよく知られるのは、毎年夏にカナダのモントリオールで開催される「Just For Laughs」というフェスティバルの「New Faces」というショーで、これまでケヴィン・ハートやエイミー・シューマー、アリ・ウォン［写真1-6］など いまや錚々たる顔ぶれとなったコメディアンが「新顔」として出演し、羽ばたいていくきっかけとなった。現在は、各地でオーディション・ショーケースをおこない一年間かけてスカウトがおこなわれており、このフェスへの出演により一気にコメディ業界で箔がつき注目度がアップする。「Just For Laughs」には多くのマネージャーやエージェントも訪れており、その場でコメディアンと契約を交わすことも多い。こうしたエージェントがコネクションのあるクラブに直接、ブッキングの依頼をかけることでコメディアンのチャンスは広がっていく。

余談ではあるが、このようにエージェントがいる場合でも、これまで自らが構築したコネクションを用いて自らでブッキングしたショーに関しては、そのギャラの一〇〇%をコメディアンが懐に収め、エージェントがとってきた仕事に関しては一二〜一八%を彼らに差し出すというのが一般的だ。エージェントは複数のクライアントを抱えながらこうした「パーセンテージ」を徴収していくことでビジネスを成り立たせている。

写真1-6　いつの間にかもっとも有名なアジア人コメディアンにまで上り詰めたアリ・ウォン姐さん。その品のなさは相変わらず。最新作ドラマ『BEEF／ビーフ ～逆上～』(2023)も好調

賞レースでいえば、テレビ局NBCが主催する『StandUp NBC（スタンダップNBC）』が有名だった。NBCといってもこの模様がテレビでオンエアされるわけではない。あくまでも名目は、「今後NBCの番組に出演するタレントを発掘する賞レース」なのだが、各地のコメディ・クラブでおこなわれる予選には地元のトップコメディアンたちが選ばれて出演するし、チケットも即完売になるなど注目度も高い。NBCはもともと『Last Comic Standing（ラスト・コミック・スタンディング）』というスタンダップコメディの賞レー

ス番組を放送していたが、二〇一五年に番組が終了したのに伴いこうしてステージ上で主催するようになった。コロナ禍以後、『スタンダップNBC』もおこなわれていないが、名前を変えて近い将来また復活するだろう。

ちなみに『スタンダップNBC』からは多くの「writer（ライター）」も誕生した。日本でいうところの「放送作家」をイメージするとわかりやすいが、これまでアメリカではこのライターという役職がコメディアンとしてのキャリアをアップさせる大きな契機として機能してきた。通常多くのコメディ番組が一〇名ほどのライターチームを構成しており、そのほとんどが自身も本業ではパフォーマンスをおこなうスタンダップコメディアンだ。日本では、作家であり演者という例がそれほど多くはないように思うが、自作自演を前提にするスタンダップコメディアンが作家としてもその能力を発揮する流れはことさら不思議ではない。番組に裏方として入ることで、テレビ局との信頼関係も構築できるだけでなく、その作品に参加していたことが大きな実績になる。給料もしっかり支払われるため、生活も安定するし、基本的に夜は拘束されないのでコメディの舞台に立つこともできる。安定した収入によって、巡業に出る必要もなくなり、常にニューヨークやロサンゼルスで新しいネタをかけ続けられるという利点もある。

実際、まずはライターとしてテレビ業界に進出したのち、出演者としてデビューしていったコメディアンも多く、自然な道筋として成り立ってきた。そのため今でもあまたのコメディアンがライターを目指し、いつオーディションや募集が来てもいいように「writing package（ライティング・パッケージ）」

と呼ばれる、テレビ用の企画アイディアや脚本のサンプルを用意している。

当然テレビへの出演だって、今も昔も確固たる実績となってきたことは言うまでもない。テレビ、とりわけＮＢＣ、ＡＢＣ、ＣＢＳなどのネットワーク（日本における地上波を想像するとわかりやすい）がもっとも大きな影響力を持つメディアだった一九六〇年代から一九八〇年代においては、テレビにたった一回出演するだけでツアーの依頼が殺到したという話も聞く。

「late show（レイトショー）」と呼ばれる平日の夜に大物司会者が司会を務める帯番組のトークショーでは、伝統的に約五分間、ゲストの若手コメディアンがスタジオの観客を前にネタを披露するコーナーがある。現行の番組でいえばＣＢＳの『The Late Show with Stephen Colbert』（スティーヴン・コルベア）、ＮＢＣの『The Tonight Show Starring Jimmy Fallon』（ジミー・ファロン）や『Late Night with Seth Meyers』（セス・メイヤーズ）、ＡＢＣの『Jimmy Kimmel Live!』（ジミー・キンメル）などがあげられる。過去にはジョニー・カーソン、最近でもコナン・オブライエンなどの名司会者の前で多くのコメディアンがネタを披露し、人気を獲得していった。放送局のスカウトはフェスや賞レースなどに出向き、こうした才能を発掘する役目を担っている。ただ、こうしたネットワークでのパフォーマンスは放送コードを遵守したクリーンなネタが前提となるため、下ネタや攻めた笑いを得意とするコメディアンには不向きと言える。またネタ時間も五分と限られるため、長尺のストーリーテリングで笑いを生み出すコメディアンもそのよさが消えてしまう。

そんなテレビにそぐわないコメディアンたちが本当の実力を発揮するためにおこなってきたのが、

「special（スペシャル）」の製作だ。スペシャルとは自身のライブを収めた映像もしくは音声のことで、通常三〇分から一時間の長尺のものを指す。近年では、ユーチューブなどのプラットフォームに動画として投稿することも増えたが、伝統的にはライブを、観客の笑い声も含めてそのままノーカット録音したレコードが「album（アルバム）」としてリリースされてきた。現在でもアメリカのビルボード・ヒットチャートには「コメディ・アルバム部門」が設けられているし、毎年グラミー賞では「年間最優秀コメディ・アルバム」の表彰がおこなわれる。近年では音楽ストリーミング・サービスのアップル・ミュージックやスポティファイ上にも展開していくことで、より多くのファン層にリーチするようになった。このスペシャルの製作のために、多くはコメディアンが自らショーを企画し、レコーディングをおこなう。それらがチャートの上位にランクインすることが大きなブースターになりえてきた。

ポッドキャストとSNS

音声メディアでいえば、やはりポッドキャストにも触れないわけにはいかないだろう。日本に比べてポッドキャストのリスナーがはるかに多いとされるアメリカ。もともと車社会であるがゆえに、通勤や移動の際に、ラジオのように聴くことのできるポッドキャストが広く受容されてきた。現在一億四四〇〇万人がポッドキャストを日常的に聴くというデータも出ている。アルバムのように、それまで慣例的に音声のみで作品を供給してきたスタンダップコメディと、こうしたポッドキャストの出会いはある種必然だったのかもしれない。いまや駆け出しから大物までほとんどすべてのスタンダップコメディアンが「名刺」として自身のポッドキャスト番組を持っているし、互いをゲストに呼び合いながら大きなシーン展開している。

スタンダップコメディアンのジョー・ローガン［写真1-7］は、ポッドキャストがまだそれほどまでに市民権を得ていなかった二〇〇九年に自身の冠番組『ジョー・ローガン・エクスペリエンス』を立ち上げた。現在この番組は毎週一一〇〇万人が聴くまでに成長。CNNですら一日の視聴者数が八〇万人だから、いかにこの番組が「メディア」としても強大かわかるだろう。そのため広告収入も桁違いで、経済誌『フォーブス』の調べによると、一回の放送で三〇〇〇万円稼ぐと言われているので、年間およそ三三億円ということになる。二〇二〇年にはスポティファイと専属契約を交わしたが、その際の契約費はなんと一億ドル（約一五〇億円）にものぼった。

写真1-7「ポッドキャストの帝王」ことジョー・ローガン（2011年の様子）。粗野すぎる芸風で圧倒的に男性ファンが多いローガン兄貴

ここまでの規模の実例を持ち出さなくとも、アメリカにおけるポッドキャストの市場は日本のそれと比べると格段に大きいことは明らかだし、スタンダップコメディアンにとっても、驚くほど手軽に参入していくことが可能なのだ。マイクと録音機器さえあれば、リビングルームで無料ではじめられるし、仲

間のコメディアンをゲストに呼び、ビール片手にカジュアルに話すだけで、いつの間にかファンが増えたコメディアンもいる。二〇二三年現在、若干の飽和状態なのは否めないがそれでもキャリアを構築する上では欠かせない。

番組の人気の高まりとともに、観客を入れての公開収録をおこなうコメディアンも現れた。ポッドキャストで配信する場合、全国にファンがいることも珍しくないので、各地を巡りツアー収録することもできる。週末のみの営業となっているコメディ・クラブを平日の夜に貸し切り、レコーディング・ライブをおこなうという事例が、とくにコロナ禍以後に増えた気がする。ロックダウンでの劇場閉鎖ののち経営が困難になったクラブにとっても平日の夜を観客で埋めてくれる存在はありがたいし、コメディアンもそれを機に週末のヘッドライナーとしてスポットを獲得できるというわけだ。

新興メディアの中では、SNSもバカにはできない。先述のように、コロナ以後、是が非でも客を入れたいクラブオーナーにとって、SNSのフォロワーという可視化された数字を持つコメディアンの存在は計算が立ちやすく、積極的にブッキングがおこなわれている。もっとも一般的なのは「Instagram（インスタグラム）」と「TikTok（ティックトック）」で、五年前までは考えられなかったが、自身のバイオにも「インスタグラムで一〇万人のフォロワーがいる」とか「ティックトックで二〇〇万ビューワーを誇る」などと書くコメディアンが増えた。そうした動画の大半が自身のネタの「切り抜き」で、いまやほとんどのコメディアンが、クリップの中から一分以内の短いジョークに、字幕をつけて（音声を聞かないで鑑賞するユーザーにも伝わるように）編集し投稿している。ネタをネット上に出すことで舞台での新鮮味を消したくないというコメディアンは、おもに客いじりのアドリブを「リール（Reels）」に発信している。これまでクラブで自身のネタを撮影するためにセットされていたスマホは、この数年のうちに「横置き」から「縦置き」へと変貌を遂げた。そして楽屋でも、芸歴三〇年以上、六〇代のベテラン・コメディアンも、いまや慣れない手つきでスマホ片手に自身のネタをせっせと編集しているのが印象的だった。

こうした試みは何もコメディアンだけに留まらない。各コメディ・クラブがインスタグラムやティックトックのオフィシャル・アカウントにコメディアンの切り抜きを載せ、プロモーションをおこなう時代になった。デジタル・マーケティングをクラブまでもが積極的におこなう時代だからこそ、すでにSNS上で大きなリーチ力を持つコメディアンは、そのフォロワー数そのものが実績とみなされるのだ。これまで、現実世界よりもむしろSNS上で有名なコメディアンは「Instagram Famous」とか「TikTok Famous」と呼ばれ揶揄の対象だったが、そうも言えない時代がやってきている。

イギリス、ロンドンに拠点を置くマレーシア人コメディアンのナイジェル・ンーは二〇二〇年に自身のSNSに「アンクル・ロジャー」というキャラクターで投稿をはじめた。おもに白人の有名シェフが料理を作る動画にアジア人として茶茶を入れるこのシリーズは世界中で鑑賞され、ナイジェルは一躍インターネット上でスターとなった。それ以後は破竹の勢いで、全米ツアー、そしてワールドツアーまでおこない、売れっ子スタンダップコメディアンの仲間入りを果たした。実は私自身、彼とは二〇一八年エディンバラのフェスティバルでともに戦った同士であり、お互いのソロショーにお客さんを呼び合うために路上でチラシ配りをした仲だ。ナイジェルがこれほどまでにビッグになったことは素直に嬉しいし、励みにもなる。こうしたSNSから火がついたコメディアンの多くが「一発屋」などと思われがちだが、ナイジェルがそれまでも地道にキャリアを積み重ね（イギリスの前はシカゴを拠点にしていた）コメディアンとしてステップアップしていく様を近くで見ていたので、このブレークにも納得がいく。そして本当の一発屋はたとえSNSで一度火がついても、その後六〇分のソロショーをおこない続ける体力、地肩がないことを業界のコメディアン、ブッカーは皆知っている。

「国民的」スターへ

さて、こうして地道に実績を積み重ね、ようやくヘッドライナーとしてツアーができるようになったコメディアンでも、まだその認知はコメディ・ファンの枠組みを出ないし、そうしたツアーも最大三〇〇人規模のコメディ・クラブで週末に数本おこなうのが限界だ。ヘッドライナーとして訪れた街のレストランで開演前に食事をしても、地元の人に気づかれさえしないことがほとんどだろう。私もようやく、月に三回はヘッドライナーとしてロードに出られるまでにはなったが、幸いどの都市のレストランでも、ゆっくり食事をすることができている。コメディアンのみならず、ダンサーやミュージシャンも、この国でそのジャンルの垣根を超えた人びとにまでその存在が浸透するのには、相当のインパクトが必要だ。アメリカの大きさをあらためて思い知らされる。

ここから全国区の人気を獲得し、三〇〇〇人以上を収容するいわば街のシンボルのような劇場でツアーをおこなっていくのには、もう一段階の圧倒的なキャリア・ブースターが必要となる。そしてときにそれはスタンダップコメディ、もっといえばこれまでの「喋り」という活動の範疇を飛び出す必要があるかもしれないし、新たな「肩書き」が必要になるかもしれない。

過去の事例を見てみると、テレビドラマに積極的に出演し、人気を確固たるものにしてきたスタンダップコメディアンが実に多い。「シットコム」と呼ばれるシチュエーション・コメディや、ドラマの中のコミカルな役で俳優としてまず認知されることで、スタンダップコメディアンとしての人気をコメディ・ファンの外にまで広げてきたのだ。もっともよく知られるのは『となりのサインフェルド』の脚本・主演を務めたジェリー・サインフェルド〔写真1-8〕。ほかにも『フルハウス』のボブ・サゲットや、『マスター・オブ・ゼロ』のアジズ・アンサリ、主演でなくとも近年の『シリコンバレー』のジミー・O・ヤンが好例だろう。もっともすでにスタンダップコメディアンとして人気があったからこそ、

写真1-8　伝説のシットコム『となりのサインフェルド』で一躍大スターになったジェリー・サインフェルド。最近はすっかりポルシェとメッツが好きな好々爺に

こうした作品のオーディションに呼ばれ合格し、役を得ているので、シンプルなシンデレラ・ストーリーという構図が成り立つわけではないものの、俳優活動がスタンダップコメディアンとしての格を上げたことは言うまでもない。凄まじい倍率のオーディションを突破して役を得て、それも視聴者の印象に残る主要な役を勝ち取り、さらにはその作品がヒットし続編が作り続けられるという三つの「ミラクル」が重なったとき、その認知度はようやく大きく跳ね上がり、シアターでの全国ツアーにたどり着く。

スタンダップコメディアンという肩書きのみでミラクルを起こす正攻法も存在する。スペシャルを多くの視聴者に届けることだ。一九七〇年代はテレビの三大ネットワークへの出演が成功への大きな鍵だった。しかし、クリーンすぎる内容に物足りなさを感じた視聴者のため、そしてもっと自由にネタをかけたいコメディアンのために有料のケーブルテレビが登場した。一九七二年開局のHBOは積極的にスペシャルを製作したし、一九八九年に開局したコメディ専門局「Comedy Central（コメディ・セントラル）」は大きな人気を博した。九〇年代からはこうしたケーブルテレビへの出演と、その中でのスペシャル製作がコメディアンにとっての最大の目標となった。コメディ・セントラルの「C」のロゴがクレジットとしてポスターに印字されれば、一気に売れっ子の証とみなされる、まさに泣く子も黙る実績だったのである。

しかし、近年このコメディ・セントラル一強のパワーバランスを崩し、根底からコメディアンの価値基準を変えてしまう出来事が起こった。「Netflix（ネットフリックス）」の台頭だ。いつの頃からか、コメディアンのひとつのゴールがネットフリックスで自身のスペシャルを持つことに変わったのだ。二〇二三年現在、全世界で約二億三〇〇〇万人の会員数を誇るネットフリックス。ここに作品が公開されれば、文字通り世界中から自身の作品が観られることになる。二〇一〇年代以降急激に会員数を伸ばしたこのメディアは、スタンダップの世界においても、コメディ・セントラルをはるかに凌ぐ影響力を持つようになった。映画に比べ、製作費が安価であるため、実に多くのスペシャルがこの五年で世に出された。もちろん「Amazon Prime（アマゾン・プライム）」や「TruTV（トゥルーTV）」「Hulu（フールー）」などもコメディスペシャルを製作しており、それらも大変な名誉に違いはない。こうした動画配信サービスでのコメディスペシャルの出演で、まさに人生が変わったコメディアンを何人も間近で見てきた。

すでに名声があったからこそ、ネットフリックスにも出られるのではないかという意見はニワトリと卵の論争の域を出ないが、このネットフリックスのクレジットを喉から手が出るほどに欲しているコメディアンは実に多いと感じる。

当然、人びとの耳目を集めれば集めるほど、言い換えると格が上がれば上がるほど、これまで「ひとり」でできることがその最大の特徴でもあったスタンダップコメディアンという仕事は「チーム」での仕事へと変化していく。クラブが主催するショーを飛び越えたあたりから、大劇場やコンサートホールでのショーは、音楽のコンサートと同様にイベンターが主催として必要になるし、そうしたツアーをマネジメントする幾人ものスタッフが不可欠になる。衣装やメイクも、動画チームだって必要になるし、コメディアンによってはライターを用意する場合もある。コメディアンひとりの名前が前面に出てはいるものの、もはやその名を冠したプロジェクトでもある。そしてその活躍によってまわりの多くのスタッフの生活を支えなくてはならない。

こうして、これまでも先人たちは、自身の作品を研ぎ澄ましながら、より多くのファンに満足のいく作品を提供し続けるというプロジェクトを遂行してきた。そしてその後も、司会者に抜擢されたり、俳優としてさらに人気が出たり、賞を受賞したりと少しずつ偉業を積み重ねてきた。そんなミラクルを重ね続けた「奇跡の人」がスタジアムやアリーナをマイク一本で満員にしているのだ。

薄暗いバーで紙切れに書いたひとつの「名前」が、誰もが知る「プロジェクト」になるまでには、気の遠くなるようなプロセスがあるし、そこには当然ながら、類まれな才能、たゆまぬ当人の努力、幾つもの幸運、そしてたくさんの人との出会いとサポートが必要不可欠なのだ。

そして、それらはすべて勇気を出して上がったオープンマイクの舞台からはじまっている。

パフォーマンスとしてのスタンダップ

このように、実に多くのスタンダップコメディアンたちが、長い歴史の中でそれぞれの手法で自身の作品を世に届けてきたわけだが、いったいこれまでどのようなパフォーマンスが人びとに受容され、どのように評価されてきたのか。ここではそんな、アメリカにおけるスタンダップコメディの「芸」に迫りたいと思う。

もちろん、コメディアンの数だけそのスタイルは存在するし、時代とともに、また地域によってもその受容や評価には微妙な差異がある。しかし、アメリカのスタンダップコメディにおいて、ある種汎用的に価値づけられている重要なパフォーマンスの要素も存在することは確かで、それらをひとつずつ紐解くことでアメリカのコメディの概観を摑むことができると信じている。

パフォーマンスに「スコア」がつき、その出来を評価される最たる例がコンペティション、つまり賞レースだ。筆者はこれまで各地の大会に参加し、酸いも甘いも経験してきたが、ありがたいことにいくつかの賞レースでは事前にその審査基準が開示されていた。

シアトル近郊のクラブ数カ所を会場におこなわれる「シアトル・コメディ・コンペティション」は、一九八〇年に第一回大会が開かれて以来、およそ一カ月かけて約四〇人のコメディアンたちがしのぎを削る。

また、ボストンで開催される「ボストン・コメディ・フェスティバル」も二〇年以上の歴史を持つ伝統ある賞レースで、過去には数多くのレジェンドたちも舞台に立ったことで知られている。ちなみに私はこれらの大会にはそれぞれ二〇一八年と二〇二一年、二〇一九年と二〇二一年の二回出場して、運よくファイナリストに残ることができた。

どちらの賞レースも、クラブオーナーやベテラン・コメディアンが審査員として招かれ、私たちのパフォーマンスに点数をつけるのだが、西海岸と東海岸でコメディ文化に多少の差はあれど、公開された五つの審査項目がほぼ同じであったことは興味深い。そしてこの五つの項目は両者とも第一回大会以降、一切の変更をせずにジャッジの基準たりえてきた。

五つの項目とはすなわち「audience response（観客の反応）」「technique（技術、テクニック）」「stage presence（舞台での存在感）」「material（ネタ）」「originality（オリジナリティ）」だった。ボストンの場合、これに「punctuality（時間の正確さ）」が追加されていたが、シアトルも時間オーバーに関して厳しい減点が設けられていたので、ほぼ重なる。

まず最初に「audience response（観客の反応）」だが、この項目がもっともわかりやすいだろう。シンプルに、観客にウケていたかどうかということである。私も二〇二二年からシカゴでコメディ・フェスティバルを主催する立場になり、五〇〇件を超すコメディアンのクリップを審査して、五〇人ほどを選抜することになった。正直、この審査員という仕事はなかなかに辛い。結局、コメディアンの多くが自分こそ一番おもしろいと思っているわけだし、そんな彼らのパフォーマンスをできるだけフェアにジャッジしなければならないが、そこにはどうしても「好み」という要素が入りかねない。その好みで人生が変わってしまうコメディアンもいるわけだから、極力そうした要素を排除すべく審査員は細心の注意を払いはするが、それでもジャッジされたコメディアンからの恨みを買いやすい立場でもある。

だからこそ審査員としては何かしらのフェアな材料が欲しいと思うものだが、そんなときこの「観客の反応」という項目は実に公平だと思い知らされる。観客にウケたか、ウケなかったかはコメディアンにとって、また会場の観客にとっても一目瞭然なのだ。コメディの「わかりやすさ」の真骨頂でもある。観客は劇場で芸を楽しむ、ある種の当事者でありながら、その公演を客観的に評価する第三者的な役目も担っている。たとえ自分はおもしろかったと思っても、まわりが誰一人笑っていなかったら、家に帰っておそらく家族に「あのコメディアン、今日スベってたよ」と報告するだろう。そして何より、その会場でその日一番観客を笑わせたコメディアンが何より評価されるべきだということは、コメディアン自身がよく知っている。やはり私たちの仕事は観客を笑わせることであり、いつの時代においても、またどの地域においても、そこから逃げた者はもはやコメディアンではないのだ。

次に「technique（技術、テクニック）」。マイク一本の芸能であるからこそ、そこにはいくつもの技術が詰まっている。アメリカのコメディにおいても日本同様、「間」や「緩急」は不可欠と考えられており、それらは「beat（ビート）」と呼ばれる。声色を変えることで表現の幅を広げたり、かみしもを切ることで登場人物のキャラクターを演じ分けるのも日本の話芸と重なる。「impersonation（モノマネ芸）」を入れることで笑いを取るのもテクニックのひとつとされるし、マイクをうまく使い音響効果などを作り出すヴォイス・パーカッション的な要素も技術のひとつとみなされる。シアトルでは、時間内にネタをまとめることもコメディアンとしての技術のひとつと主催者から説明があり、この項目に「punctuality

（時間の正確さ）」が入っていたことになる。確かにこれまでに成功を収めたスタンダップコメディアンの多くがこうした技術を自身の引き出しとして持ち合わせ、それらをステージ上で遺憾無く発揮してきた。今、もっともテクニックがあるとの呼び声が高いコメディアン、ガブリエル・イグレシアスはステージで声色を自由に使いわけるし、サイレンから銃声にいたるまであらゆる音を器用に表現し、さらには老若男女いずれにもなりきって彼らの顔がありありと浮かぶようなリアルな演技でもって観客の想像力を膨らませる。

では、「stage presence（舞台での存在感）」という項目はどうだろうか。もしかすると、日本の賞レースでは聞き馴染みのない言葉かもしれない。実際二〇一八年の大会前、この項目を目にしたとき、主催者に具体的な意味合いを質問しに行ったのを覚えている。そのときの答えは、「ステージ上での「自信」「立ち振る舞い」「自然さ」「エネルギー」「キャラクター」を総合的にジャッジする」というものだった。抽象的でイマイチ摑みどころのない答えに聞こえるかもしれないが、実際アメリカで雑誌や新聞などのメディアがコメディアンを論評する際、この「stage presence」という言葉がもっとも頻繁に使われる。

どれだけ「自信」を持って舞台に立つのか、ということがスタンダップコメディアンの大前提なのであろう。コメディ・クラブがコメディアンを目指す人びとのために開設しているコメディスクールでは、多くの場合、まず最初に自信を持って自分自身の言葉で自分について語ることの大切さを教える。これはアメリカにおけるパブリックスピーキングのクラスでも同様だ。もっとも一般的な課題「show and tell」では、自分自身の大切な宝物を持参し、それをクラスメートに見せながら紹介するが、その宝物が何であれ、自信を持って伝えることを小学校のうちから習うのだ。

「立ち振る舞い」に関しても、緊張が表に出たコメディアンは自意識が働いて、やたらと体がクネクネと動いたり、指先や声の震えが観客に見透かされてしまうことだってある。舞台上で噛んでしまったり、顔がこわばってしまうコメディアンを一度は見たことがあるだろう。余裕を持った立ち姿は笑いを生み出すのに欠かせない。

その上で、ありのままのひとりの人間として喋ることが大きな特徴であるスタンダップコメディにおいて、オーバーな演技やそこから来る不自然さは、言葉そのもののリアリティを削ぐことになりかねない。そのためいかに「自然に」パフォーマンスを繰り広げるかが重要視される。なんとか笑いを取ろうと必死になるあまり、不自然な、ときに過剰な演技で空回りしてしまうことを表す「chewing the scenery（大げさに演じる）」なんて言葉もあるぐらいだし、そんな空回りは笑いとは逆のベクトルとして作用する。

そしてそうした目に見えない要素の中で、コメディアンの「エネルギー」は不思議と会場に、そして観客に伝わる。演者のエネルギーが客席に伝わったとき、会場は独特の熱気を帯びて、観客はその話に夢中になると同時に、まるでジェットコースターに乗せられたかのように心を揺さぶられる。一九八〇年代に活躍したサム・キニソンはメディアで絶えず「energetic（エネルギッシュな）」コメディアンと紹介された。実際そのパフォーマンスは全身を用いたもので、いつも絶叫していたし、観客にも圧倒的な熱量があった。しかし、ただ声が大きければエネルギッシュとみなされるかといえばそう単純な話ではなく、もちろん内に秘めたエネルギーだって考慮されている。「deadpan（デッドパン）」と呼ばれる顔色も変えず淡々と喋るスタイルのコメディアンでも、そうした内面の芯のような強さを見出され、これまで多くのファンに愛されてきた。それこそシアトルの大会の優勝経験もあり、街の英雄でもあるミッチ・ヘッドバーグは決して声を荒らげることこそなかったが、その抑えたトーンの中にもふつふつとした怒りや感情が見えて、全米のコメディ・ファンを熱狂させた。

そして最後の「キャラクター」という要素。この言葉を説明するにはおそらく「likable」という語を用いるのがわかりやすい。日本語に訳すならば「好かれうる」というニュアンスか。この「likable」な存在かどうかが実はスタンダップコメディアンにとって肝心だし、こればかりは当人の努力でどうにかなるものでないから難しい。舞台に上がってきただけで、それがたとえ初見のコメディアンであっても、なんだか親しみを持たずにはいられないなんてことがあるだろう。それは見た目のおもしろさなどではなく、その人の纏う言語化はできない魅力というべき要素なのかもしれないが、そんな「好きにならずにはいられない」キャラクターであることが、ひとりの人間を丸ごと愛してもらうスタンダップコメディという芸能において非常に大きな意義を持つのだ。とりわけ攻めたジョークをいう場合、なんとなく許されるコメディアンと、角が立ちやすいコメディアンがいるが、その違いはそうした愛される力の差なのかもしれないと、最近よく思う。

四つ目の審査基準である「material（ネタ）」という要素に対しては、至極当然だという意見が多いだろう。私自身は大会に参加するまで、むしろこの「ネタ」だけを審査されると思っていたほどだ。ただ一口にネタといってもどう評価するかはそれこそ好みが出るところだろう。技巧に富んだネタが好きな人もいれば、シンプルなものを好む人もいるだろう。シンプルな、言い換えればベタなネタは、前者のようなネタを好む人からすると手垢がついた創意工夫のないものに映るだろうし、そうしたネタのことを指す「hack（ハック）」という語もあるぐらいだ。日本語で言うところの「dark humor（ブラックジョーク）」が好きな人もいれば、人間観察に基づくあるあるネタに近い「observational humor（観察ネタ）」も「satire（風刺）」も愛好者は多い。いずれの種類のネタにおいても、それらをしっかりした構成として魅せることがスタンダップコメディアンの仕事だと言われている。パンチラインで効果的な打撃をあたえられるように、すなわち笑いを起こせるように、過不足なくうまくデリバリーしていくこと。そしてそうしたビットを組み合わせ、完成度の高いセットにすること。「callback（コールバック）」といって、過去の発言を繰り返したりして伏線を回収することも笑いを生むとされてきた。それらの要素がひとつひとつ噛み合った作品が「いいネタ」と呼ばれうる。

そして、これらの五つの基準の中でもっとも重要視されてきたのがおそらく最後の「originality（オリジナリティ）」であろう。そして「オリジナリティ」について論じる際、しばしば「POV」という語がセットで用いられる。

街の書店に出回るスタンダップコメディのハウツー本には必ずといっていいほど、「POVを明確にすること」とあるし、先述のコメディスクールやワークショップでも「いいネタ」の書き方としてまず最初に呪文のようにこの「POV」の必要性を叩き込まれる。これは「point of view」の頭文字で「視点」や「その人からの見え方」を指すが、舞台上で語る話題に対して、自分はどう見ているのか、どう考えるのか、どう捉えるのかが反映されているのが望ましいとされている。

その上で、あるエピソードを紹介したい。私がコメディアンになって三年目のある晩、シカゴのコメディ・クラブの舞台に立った。その日私がステージでかけたのは「pun（言葉遊び）」のジョーク。アメリカにも「オヤジギャグ」を表す「dad joke」なる言葉があるが、まさにあの晩私はそれを客席に向けて放った。するとオーディエンスは手を叩いて大爆笑。私もやりきったとの思いで舞台を降り、楽屋へと戻った。するといつもならたとえスベっても笑顔でハイタッチしながら迎えてくれる同僚のコメディアンのひとりの顔がどうも優れない。最初はウケた私に妬いているのかとさえ思ったが、数分後彼に呼ばれてこう言われた。

「あのネタは確かにおもしろかったんだ。おもしろかったんだけど、別にお前が言わなくてもおもしろいよな。俺たちスタンダップコメディアンの仕事は、お前が言うからこそおもしろいネタ、俺が言うからこそおもしろいネタを紡いでいくことなんじゃないかな」

あのときの私にはイマイチ意味がわからなかった。しかし、今なら痛いほどにわかる。私が言うからこそおもしろい、言い換えれば他の人がそっくりそのまま言ってもおもしろくない、というジョークこそ私がステージで言うことに意味がある。言い換えれば、そうしたジョークを言ってはじめて私が舞台の上に存在する意義があるということだ。そしてそこには私というコメディアン、もっと言えば、ひとりの人間が歩んだ人生が集約されているのではなかろうか。私の目から見た世界を私の言葉で描く。それこそ私にしか言えないジョークであり、きわめてオリジナルなのではないか。そこには、私自身のバックグランドや、人種、出自、ジェンダーといった属性が背景として内包されている。スタンダップコメディアンの多くが、デリバリーでそうした自身の属性について話すのはそれこそが視点を伝える際の要素のひとつだからにほかならない。まずは自分が誰なのかを端的に観客に伝えるプロセスが必要なのだ。

スタンダップコメディがある種究極の「自分語り」であるがゆえに、その作品がいかにオリジナルかということが、そのコメディアン自身を替えの効かない唯一無二の存在に押し上げる。その人の口から語られるからこそ笑いになる、という事実がすなわちそのコメディアンそのものの価値に結びつくのだ。

そしてこの価値観こそが、アメリカという国におけるスタンダップコメディというジャンルのもっとも際立った特徴を表しているように思えてならない。

日本の落語だって舞台の上でひとりで喋るという意味ではスタンダップコメディに近い。落語は座っているから「スタンダップしていない」ではないかという指摘もあるだろうが、スタンダップコメディアンの中にも「疲れたから」という理由で椅子に座って喋る者だっている。それでも、落語が師匠から弟子へと噺を伝承していく中で伝統を背負うのに対し、スタンダップコメディが背負うものはこのオリジナリティにほかならない。広くいつの時代にも人を笑わせる汎用性のあるストーリーもいいが、今この瞬間を生きるひとりのスタンダップコメディアンが語るからおもしろい、もっと言えば、語ることに意味のあるネタは、表現者そのものの生きざますら表す。

人種も、宗教も、ジェンダーも、バックグラウンドでさえ、それぞれ異なった人びとがひとつの国を作ってきたアメリカ。そんなわかりえない「他者」同士が集まり合わさり、価値観をぶつけ合いながら、また摩擦させ合いながら、ひとつの社会が構築されてきたのだとするならば、得体の知れない他者に、自分が誰なのか、何をどのように考えているのかということを「笑い」で伝えられるコメディがこの社会でいかに尊いものであったか想像するにたやすい。きっとアメリカでは、スタンダップコメディはわからない人をわかるために存在してきたのだろう。

スタンダップコメディアンが自らのオリジナルな視点で世界を切り取り、笑いにして描くこと、そしてそれを笑ってきた歴史こそが、すなわちこの国の社会を作ってきた。

ふたつのS

私自身にこの世界に入るきっかけをあたえてくれたのは日本人スタンダップコメディアンの小池リ

オ氏だった。二〇一三年、日本のテレビ番組で紹介されている彼の活動に衝撃を受け、大学の授業をサボり翌日ニューヨークへと飛んだ。マンハッタンのバス停で対面し、彼と最初にした会話を今でも昨日のことのように覚えている。「アメリカではふたつのSからはじまる形容詞を持った人が尊敬される。そしてまさにスタンダップコメディアンはこのふたつのSを持ち合わせていないといけないんだ」

このふたつのSとはいったい何なのか。あの頃の私は見当もつかないまま、ただただ目を丸くして聞いていたが、今こうしてアメリカに暮らしてみたからこそわかることも多い。

ひとつ目のSとは「strong」で、言葉通り、腕っぷしの強い人に対して「You are strong.」と言うことができる。たしかにアメリカではアスリートはいつの時代も人びとのアイコンであり、そして同時にヒーローたりえてきた。そんなマッチョ偏重の時代は終わった、という人もあるが、精神的な強さも「strong」と表現できる。ときにクラブのすべての観客がマネキンに見えるほどスベっても、そして怒った観客から豪速球でビール瓶を投げつけられても、心を切り替えてまた舞台に立ち続けるストロングさをスタンダップコメディアンは携えていなければならない。

しかし実はもうひとつ、少なくとも私が日本の学校で習わなかった「strong」の用例が存在する。「そのジョークおもしろいね」と言いたいとき、「That joke is funny.」とか「This is a funny joke.」と言うよりもむしろ「This is a *strong* joke.」と表現するのだ。ニュアンスとしては「含蓄のある」とか「奥行きのある」という意味になるが、まさしくこれこそ「そのコメディアンが言うからこそおもしろい」「オリジナリティに富んだ」ジョークのことを指すのではないか。ファニーなジョークは今の時代、きっといくらでもネットに転がっている。それでも自分が言うからこそ意味のあるストロングなネタを創っていくのがわれわれスタンダップコメディアンの仕事なのだ。

そしてもうひとつのSとは「smart」だ、とリオ氏は言った。日本語の「スマート」が、「こざっぱりとしていてしゃれているさま」を指すのに対し、英語の「smart」は「賢い」という意味になることは大学受験で詰め込んだし、このときも日本同様にアメリカでも医者や弁護士のような賢い職業が尊敬されていることは容易に想像がついた。しかしあれから一〇年、アメリカに暮らす中で二種類の「smart」があることを知った。

教科書や本から得た知識を持ち合わせた賢さを英語では「book smart」と表現する。スタンダップコメディアンにとって、豊富な知識は確かな引き出しにはなるし、何よりひとつの発言が炎上を呼び、すべての職を簡単に失いかねないキャンセル・カルチャーの時流の真っ只中で、無知であることが罪である時代になってきた、と日々感じる。絶えず学び、知識を蓄え、歴史的な背景や社会的な文脈を理解した上でネタをつくることが「好ましい」時代から、「必須」の時代へと変わってきた。

一方で、自身の経験や体験から得た知恵に富んだ賢さは「street smart」と表現される。決して教科書では教えてくれない、生きていくための知恵。知識を机の上で蓄えただけのコメディアンの話は、なんのおもしろみもない怠惰な講釈でしかない。多くの人との関わり合い、自分の目や耳、肌で得た経験に基づくスマートさのあるコメディアンのステージはこれまで、たしかにおもしろくもあり、そして妙な説得力があった。

「book smart（知識）」と「street smart（知恵）」をバランスよく持ち合わせた本当のスマートさが大きな笑いを生み出すのかもしれない。

アメリカ人が尊敬して止まないふたつのS、「smart」と「strong」を同時に体現する象徴的な存在ともいうべきスタンダップコメディアン。これまでのそんな偉大な先人たちにリスペクトを払いながら、次章では彼らが作ってきた歴史について深掘りしていきたいと思う。

02

コメディ・クラブ誕生への道

スタンダップコメディの歴史 I

アメリカのメディアに「スタンダップコメディ」という言葉が最初に登場するのは、一九四八年六月二三日のことだとされている。老舗エンターテインメント雑誌『ヴァラエティ』の記事の中で、当時人気だったルー・ホルツが「stand-up comic」と称されたのがはじまりだった。

そしてそれから二四年が過ぎた一九七二年、ハリウッドにアメリカで最初のコメディ・クラブ「コメディ・ストア」がオープンした。スタンダップコメディアンたちがついに自分たちだけが輝ける仕事場を手にした瞬間だった。今から約半世紀前のことである。

このような歴史的事実から、一部では一九四八年や一九七二年を「スタンダップコメディ元年」とする見方もあるが、それよりもずっと以前から「コメディ」というジャンルも、また「コメディアン」という職業も明確に存在してきたことは言うまでもない。

本章では、一九七二年に専用劇場ができるまで、言い換えればひとつのシーンが完成するまでをクロニクルとして追いながら、その歴史的変遷を通して今日のアメリカのスタンダップコメディの成り立ち、源流に迫っていきたい。

ミンストレル・ショー

コメディにとどまらず音楽やミュージカル、演劇などアメリカのエンターテインメントを考察する際に、その源流としてどうしても避けては通れないのが「minstrel show（ミンストレル・ショー）」である。もともと「ミンストレル」という言葉は白人の吟遊詩人を意味したが、一八三〇年代からはミンストレル・ショーのこと、またはその出演者たちのことを指すようになった。

このミンストレル・ショーは、白人俳優がコルク栓を焦がしパウダー状にしたものを顔に塗りたくり、舞台上で「黒人として」その喋り方や動きを誇張して演じる芸能だった。より具体的にいうと、三幕で構成され、第一幕ではコミカルな歌や踊り、続く第二幕ではダジャレを多く含んだ「stump speech（スタンプ・スピーチ）」と呼ばれるひとり喋り、そして最終第三幕ではもう一度歌を含んだスラップスティックで大団円というものだった。一幕での歌とダンスが後の時代のミュージカルに大きな影響をあたえたことは言うまでもないし、二幕に「つなぎ」として披露されていた洒脱な語りも今日のスタンダップコメディの源流にほかならない。しかし、白人俳優が黒人に擬態し、いわゆる「ブラックフェイス」をしながら舞台上でおこなっていたパフォーマンスは人種差別の産物であり、現代ではその歴史そのものが負の遺産として認識されている。もちろん今日のアメリカにおいてそのパフォーマンスを観ることは不可能である。

一八三〇年代に北東部でいくつかのミンストレルの一座が誕生すると、労働者階級を中心にその人気に徐々に火がつき、一八四〇年代後半には南部への巡業が定期的におこなわれるようになった。会場も、当初の酒場のような場所から、しだいにオペラハウスやサーカス会場などへとその規模を拡大させていく。絶頂期とされる一八五〇年代になるとヨーロッパ巡業をおこなう一座も登場するなどその勢いは増し、一八六〇年代には国内でも中西部やカリフォルニアにまで巡業の範囲は広がった。しかし南北戦争を境に、ニューヨークをはじめとする北部にヴォードヴィルなどの新しい形態のショーが登場すると、その人気に陰りが生じはじめ、二〇世紀に入る頃には完全にそれらに取って代わられ芸能としての終焉を迎えることになった。後期には黒人で構成された一座も登場しているが、その多くはやはりブラックフェイスを前提とした「白人による白人のための」エンターテインメントであった。

しかし、ここで興味深い言説がある。アメリカ音楽研究者の大和田俊之氏の『アメリカ音楽史』によると、当時舞台上でブラックフェイスをすることで黒人に「擬態」していた俳優の多くが実はユダヤ系であった、というのだ。一九世紀は東ヨーロッパで大規模なユダヤ人排斥が起こり、彼らの多くがアメリカに移民として渡ってきた時代と重なる。そして労働者階級がほとんどだった観客もまた、ユダヤ系、そしてカトリック系という移民が多くを占めていた。この時代、イタリアやアイルランドからも多くの移民が東海岸に流入しており、ユダヤ教徒やカトリックの彼らは異教徒として日頃から「非白人」として当時の国内において差別の対象だったわけだ。しかしそんな彼らも観客として、舞台上にいる人種的他者である「黒人」のコミカルな演技を鑑賞することで、自分自身を白と黒の二項対立の構造に組み入れ、むしろ「白人」に「擬態」していた、と大和田氏は言う。つまり舞台上の黒人と自らを比べることで、自分自身を、本来なら差別の対象であった異教徒という日常から、白人という一段高みに置くことができて、そうした優越感を共有していたというのだ。

そしてこうした「他者への擬態」という構造こそが、それ以後一世紀に渡るアメリカのスタンダップコメディのあり方に、まるで呪縛のように大きな影響を及ぼしている。

ユーモリストと講演

ミンストレル・ショーでのひとり喋り「スタンプ・スピーチ」と並び、今日のスタンダップコメディのルーツとして理解されているのが一九世紀における「lecture（講演）」である。

有識者が各地を旅しながら、参加者に向かって、教養、知識、もっと広くいえば人生観などについてユーモラスに語った芸能である。現代における「TEDトーク」を想起するとわかりやすいかもしれない。なおこのようなウィットに富んだ講演をしたり、文学作品として遺した人びとは「humorist（ユーモリスト）」と呼ばれている。

写真2-1 アルテマス・ワード。本名は『スヌーピー』のチャーリー・ブラウンと同じ。もし、もう少し長生きしていれば時代を作っていたかもしれない

一八六〇年代に北東部で勃興したこの芸能は、新聞や口コミで話題を呼び、急激に人気を拡大させ数年の間に全国区へと広まった。一八六〇年代の国勢調査によると、当時の識字率は白人の成人男性でも七五％で、都市部ではこれより高く、郊外や地方になるとその割合はさらに低い傾向があった。こうした状況の中で、文学や新聞に書かれたことを参照しながら、含蓄のある話を提供してくれるユーモリストの講演は単なるレクチャー以上の大きな意義を持っていた。

その旅講演の第一人者とされているのがアルテマス・ワード［写真2-1］だろう。一八三四年クリーブランド生まれで、本名はチャールズ・F・ブラウン。地元の新聞『プレイン・ディーラー』の記者だった一八五八年、言葉遊びをふんだんに用いた軽妙な記事が人気を博すと、たちまちその評判は全国へと伝播し、一念発起した彼はニューヨークに拠点を移す。そして一八六一年一一月二六日、コネティカット州のニューロンドンにあったローレンス・シアターにて歴史上最初のコメディ講演がおこなわれた。タイトルは『Babes in the Wood（ベイビーズ・イン・ザ・ウッド）』。八〇分間の講演の中でワードはそのタイトルの「森の中の赤ん坊」にはあえて一切触れることなく、巧みに脱線を繰り返し、大

いに会場を盛り上げた。この講演会はたちまち評判を呼び、ついには全国ツアーを敢行。一八六三年におこなわれたサンフランシスコでの講演会では劇場が満杯になり、一回の講演で一五〇〇ドルを稼いだとある。これは現在の貨幣価値に換算すると三万八〇〇〇ドルに相当する。クリーブランドでの新聞記者としての給料が最高でも週給一四ドル（現在の貨幣価値だと三六二ドル）だったとあるので、いかにショービジネスとしても大きな成功を収めたかわかるだろう。その後、ワードはロンドンに拠点を移し、大劇場で常設のパフォーマンスを勝ち取るが、残念ながら肺結核により三二歳でその短い生涯を閉じている。

しかし、こうした彼のコメディ講演は後の時代はもちろん、同時代の有識者たちにも大きな影響をあたえた。ワードより一年あとに生まれたマーク・トウェインもそのひとりだ。

彼もまた三四歳を迎えた一八六九年の年末、満を辞してコメディ講演のツアーを開始することになる。ワードがイギリスで亡くなった二年後のことだった。一二月一日のブルックリン図書館での講演を皮切りに、一カ月間で二二都市を回るまさに弾丸スケジュールをこなしてみせた。

この後も、まだ旅客機すらない時代、カナダ、イギリス、オーストラリア、ニュージーランド、イタリア、ドイツ、南アフリカ、インド、そしてハンガリーを講演して回り、その経験を記した旅行記も多く遺している。

残念ながら当時の肉声は残されておらず、そのパフォーマンスを今の時代の私たちがうかがい知ることは叶わない。しかし、第1章でも述べたとおり、こうしたレクチャーの中で「ビット」という用語を発案するなど後の時代のコメディにあたえた影響は計り知れない。

それゆえ彼の死から八八年後の一九九八年、ワシントンDCのジョン・F・ケネディセンターは、その年のアメリカ社会にもっとも大きなインパクトをあたえたコメディアンに「マーク・トウェイン賞」を授与すると発表した。第一回のリチャード・プライヤー以降、アメリカを代表する偉大なスタンダップコメディアンたちがその栄誉を手にしてきた。

『トム・ソーヤーの冒険』や『ハックルベリーフィンの冒険』などの小説作品の功績から「アメリカ文学の祖」とも称されるマーク・トウェインだが、そのキャリアはアルテマス・ワードと同様、新聞記者からスタートさせている。新聞というメディアが今よりはるかに大きな影響力を持っていた時代、こうした活字の世界を飛び出し、パブリック・スピーキングの分野で人びとを惹きつけるパフォーマンスをする才能が生まれた。そして彼らのそうしたユーモリストとしての功績は、今なおアメリカのコメディに源流として脈脈と流れている。

ヴォードヴィルの時代

ヴォードヴィルとイン・ワン

二〇世紀初頭、アメリカのエンタメの中心に君臨していたのは紛れもなく「vaudeville（ヴォードヴィル）」だった。諸説あるものの「ヴォードヴィル」という言葉はフランス語の「voix de ville（街の声）」に由来すると言われており、パリの街で大衆演劇として産声をあげたのち、一九世紀中頃、ちょうど南北戦争の頃にアメリカに流入した。イギリスでは同時代に盛んだったミュージック・ホールがこれに準じるものと考えられている。ちなみに、音楽からダンス、コメディに至るまで多岐にわたるジャンルのヴォードヴィルの演者のことは総じて「vaudevillian（ヴォードヴィリアン）」と呼ぶ。

そして、このヴォードヴィリアンたちが後の時代、スタンダップコメディの発展に大きく貢献していくことになる。

アメリカの文献で見ると「ヴォードヴィル」に関しての記載が古くは一八四〇年代の時点で登場するものの、盛んに用いられるようになったのは一八九〇年代からのことである。ニューヨーク近郊で興ったこの芸能は約半世紀の間に徐々に人気を伸ばし、二〇世紀を迎える頃にはミンストレル・ショーに取って代わるまでに全国的な人気へと成長した。

その上演内容はミンストレル・ショー同様、歌や踊りをメインに据えつつ、ダンサー、シンガー、ミュージシャン、コメディアン、大道芸人、動物使い、マジシャン、腹話術師などが代わる代わるその芸を披露した。旧来のミンストレルとの大きな違いは、公演があくまでも家族向けの上品なヴァラエティー・ショーだったことである。品のないユーモアや、露出の多い衣装は徹底的に排除され、クリーンなコンテンツが提供された。

実際「ヴォードヴィルの父」と称される興行主のトニー・パスターは一八六〇年代から、意識的に当時の中産階級をターゲットにした上品なブランディングを推し進め、アップタウンに住む女性や子供を取り込んだショーを数多く企画し大きな成功を収めた。彼の戦略に追随する形で多くの興行主がオペラハウスなどの豪華な会場で次々に公演を打つこととなる。絶頂期の一九〇〇年から一九二五年までには全米で三〇〇〇以上の劇場がオープンし、年間二万人のヴォードヴィリアンの雇用を生んだとある。

大物ヴォードヴィリアンになると収入も桁違いで、全国で巡業をおこなった場合、一九二〇年当時は一日二回の公演で週給二五〇〇ドルを手にしたという。当時のビジネスマンの平均年収が三三〇〇ドルだから、多くのエンターテイナーたちにとって、こうして巡業のできる大物ヴォードヴィリアンはさぞ夢のある仕事だったに違いない。

しかし、その公演の中では「hell」や「damn」という語さえ禁じられていたほか、政治ネタもご法度とされた。そしてその禁忌を破った者は即刻解雇にする一座が多く、そうでない場合でも終演後に興行主から違反箇所を記した紙が入った青い封筒を渡され、翌日のショーまでにそのネタを取り除くことを通達されたという。今でも、下ネタのことを「blue material」と表現するのはここを語源とする。

では、ヴォードヴィルの中でコメディアンの役割とはなんだったのか？　この時代、あくまでも公演のメイン、つまり客の目当ては歌とダンスだった。そのためコメディアンに求められたのは、舞台転換や衣装チェンジの間のモノローグ、すなわちつなぎのひとり喋りだった。そして当然それらはクリーンで上品なトークでなければならなかった。

閉じられた幕の前に立ち、幕の向こうでせっせと転換がおこなわれている中、巧みに観客を引きつけるこうしたパフォーマンスは「in one（イン・ワン）」と呼ばれた。このイン・ワンがスタンダップコメディの原型であることは想像にたやすいだろう。そしてイン・ワンでの役目をより大きなものに発展させたのが司会者、つまりホストになる。

具体例をあげよう。一九一三年三月二四日、イン・ワンに定評のあったヴォードヴィリアンのフランク・フェイは当時もっとも権威ある劇場だったニューヨークの「パレス・シアター」でホストに抜擢され、一二週間に渡ってその大役を務め上げた。スーツに身を包み、上品な口調でアドリブを含んだ軽妙な話芸を披露したフェイは近代のスタンダップコメディの原型を確立したと評されている。後の時代のコメディの担い手となるボブ・ホープやミルトン・バールもフェイの芸に大きな影響を受けている。

フェイよりも少し年長の世代のヴォードヴィリアンからも後のスタンダップコメディに大きな影響をあたえた喋りのスターが誕生している。オクラホマ州出身でチェロキー族の血を引くウィル・ロジャーズだ。一八七九年生まれのロジャーズは南アフリカなどで投げ縄やロデオなどを含んだウェスタン・スタントのショーに出演していたが、一九〇四年に帰国し、ニューヨークでヴォードヴィリアンとして活路を見出すようになる。カウボーイの衣装で登場し投げ縄を回しながら、南部訛りで展開される自虐的なモノローグはたちまちニューヨーカーたちの間で話題となり、一躍彼をスターダムに押し上げた。一九一六年五月三〇日、スターコメディアンが集合しておこなわれたツアーでボルティモアを訪れた際、観客席にいた当時の大統領ウッドロー・ウィルソンをアドリブでいじり、会場を爆笑させた。コメディアンがときの大統領を目の前でジョークにした最初の瞬間だった。この伝統は、今でも毎年大統領晩餐会にコメディアンが招かれ、大統領を前に政権をネタにする風習へと受け継がれている。

さて、ロジャーズはその後もヴォードヴィルで快進撃を続け、舞台にとどまらず映画にも活躍の場を広げることになる。一九三四年コメディアンとして最初にオスカーのホストを務めたのも彼だった。しかし一九三五年ロシアへと向かう途中、アラスカ上空で起きた飛行機事故でその生涯は突然終わりを迎えることとなる。翌日連邦政府の建物には半旗が掲げられ、NBCとCBSはラジオ放送を一時中止に、そして多くの映画館も上映の前に二分間の黙禱時間を設けるなど、まさに国民的スターとして哀悼の意を示した。

ヴォードヴィルとマイノリティ

この時代、メインストリームは白人ヴォードヴィリアンで占有され、人種の隔絶は色濃く残っていたが、そうした時代において有色人種として大きな成功を収めたヴォードヴィリアンもいる。バハマ生まれのバート・ウィリアムズだ。

バート・ウィリアムズ［写真2-2］は一八七四年生まれで、一一歳の時にカリフォルニア州に移り住むと、エンターテインメントの世界に興味を持ち、メディシン・ショー一座の客引きになった。メディシン・ショーとは元来薬を実演販売するためにおこなわれた旅巡業だが、賑やかしとしてミュージシャンやサーカス団、コメディアンなどがパフォーマンスをしていた。この時代、黒人が白人主催のヴォードヴィルに入ることは容易でなかったため、メディシン・ショーが彼らの活躍の場としても機能していたというわけだ。

写真2-2 バハマ出身のバート・ウィリアムズ。日本でいうと明治7年生まれ。高浜虚子らと同い年

すでにパントマイムやモノマネの技術でずば抜けた才能を発揮していたウィリアムズは一九歳のとき、サンフランシスコのヴォードヴィル一座にスカウトされる。そしてそこで出会った黒人ヴォードヴィリアンのジョージ・ウォーカーとともにコンビで一世を風靡することになる。当初はおもに白人の観客に向けて誇張された黒人のキャラクターを演じていたが、しだいに人間味溢れる、喜劇としての魅力を洗練させたパフォーマンスへと移行し、人種の壁を打ち破る形で受容された。一九〇三年にはブロードウェイ・ミュージカル『In Dahomey（イン・ダホ

メ）』に黒人として初主演し大きな成功を収めている。一九〇九年にウォーカーが病で引退したのちも、ウィリアムズはソロ活動を展開し、一九一四年には『Dark Jubilie（ダーク・ジュビリー）』で有色人種として初の商業映画主演という偉業も成し遂げた。

しかし、ヴォードヴィルの世界でのこうした有色人種の活躍はごく稀で、たとえ出演者として人気を博す才能が出てきたとしても、その多くは白人経営者による構造的な搾取の上に成り立っていた。そうした中で一九二〇年代、黒人ヴォードヴィリアンのための興行組織「Theater Owners Booking Association（劇場所有者出演契約協会）」通称T.O.B.A.が結成される。黒人が興行主となり、黒人パフォーマーのブッキングをおこない、黒人の聴衆に向けてショーを展開していく当時としては画期的な仕組みだった。実際T.O.B.A.の公演に立ったヴォードヴィリアンが後の時代にさまざまなメディアで大きな活躍を見せることになった。

ヴォードヴィルのネタ

それでは、この時代ヴォードヴィルの舞台上ではいったいどのようなネタがかけられていたのだろうか？　いくつかの史料によると、驚くべき数のヴォードヴィリアンが、他人種のアクセントやステレオタイプをネタにして笑いを取っていたという。

一八八〇年代に初期のヴォードヴィルの舞台で活躍したウェーバー&フィールズのデュオを例に取

る。彼らはドイツ系移民に扮して、ドイツ訛りの英語を喋りながら、オーバーなリアクションとともに痛快なドタバタ劇を演じ当時のファンを魅了した。シーンにおける彼らの影響は大きく、以後数十年にわたり多くのコメディアンが「double（コンビ）」として舞台に立つことが一般化した。

当時のヴォードヴィルの舞台映像自体は残されていないが、その様子は後の時代に映画のスクリーンの中で披露された同様のネタからうかがい知ることができる。

たとえば、一九三〇年代以降トーキー映画の世界で大活躍するマルクス兄弟は、一九一〇年代はヴォードヴィリアンとして舞台に立っていた。チコ、ハーポ、グルーチョ、ガンモ、ゼッポの五人からなる彼らはニューヨークにユダヤ系アメリカ人として生まれ、抜群のコンビネーションとスピーディーなジョークで人気者となった。日本の喜劇人にあたえた影響も大きく、横山エンタツや永田キングはグルーチョを大いに感じさせる芸で戦前のコメディを牽引したし、戦後でもザ・ドリフターズがマルクス兄弟の芸をそのままオマージュしたネタをテレビで披露している。

とりわけマルクス兄弟の中でも主要メンバーだったチコ、ハーポ、グルーチョが得意としていたネタは、それぞれドイツ人、アイルランド人、イタリア人の特徴を誇張し、アクセントも交えながらステレオタイプ的に演じて魅せるものだった。ユダヤ系であった彼らが、ここでも人種的他者に「擬態」し、コミカルに演じてみせる芸が大衆の人気を獲得したのだ。

こうしたアクセント芸は当時のもっとも一般的なネタとして実に多くのコメディアンに実践された。上記の人種の他にも、黒人やフランス人、アメリカ人だとニューヨーカーやボストンの訛りがこぞってネタにされたし、そうしたネタを得意とする者を指す「dialect comedian（訛り芸コメディアン）」なる言葉さえ生まれた。

クリーンなネタが求められていたヴォードヴィルの舞台において、こうしたアクセント芸がその代表的なネタとして受容されていたことは興味深い。現在ではそうした他者の、とりわけマイノリティのアクセントを真似る芸は炎上、批判の原因になりかねない。

今から一〇〇年以上も昔、先人たちはわかりやすい何かの像になりきって笑いを生んでいた。そしてそれは言い換えると、自分という存在を逸脱して、カリカチュアされた他者に擬態しなければ笑わせられない時代だったということかもしれない。まだ本当の意味での「自分語り」は叶わなかった時代だったのだ。

レビューとバーレスク

この時代に同じく盛り上がりをみせた芸能に「revues（レビュー）」と「burlesque（バーレスク）」がある。レビューは「批評」を意味するフランス語「revue」を語源とし、もともとはヨーロッパでその年に起こった出来事を風刺的に描く歌とダンスのパフォーマンスだったが、一九世紀末にアメリカに流入すると独自の発展を遂げた。とくにアメリカにおけるレビューの第一人者と称される演出家であり興行主のフローレンツ・ジーグフェルドは、鮮やかな照明に、派手な音響、そして華やかな衣装の踊り子たちが大勢登場するスペクタクルなショー「ジーグフェルド・フォーリーズ」をプロデュースした。一九〇七年から一九三七年までブロードウェイで上演されたこの作品には数多くのスターが出演し、ヴォードヴィル同様その合間にはコメディアンによるイン・ワンが披露された。先述のウィル・ロジャーズもジーグフェルド・フォーリーズの舞台で話芸に磨きをかけた。

衣装が豪華で舞台装置も壮大だったため、着替えや転換により時間を要すということで、レビューではより長い「つなぎ」ができるコメディアンが重宝された。のちにラジオで一時代を築くこととなるフレッド・アレンは一九二二年のレビュー公演で幾度となく舞台に登場してはイン・ワンを披露した逸話が残っている。

また、レビューからは多くの女性スターが生まれていることも見逃せない。映画『ファニー・ガール』(一九六八)のモデルになったファニー・ブライスや、ファッション・シンボルとなるルイーズ・ブルックス、そして「レッド・ホット・ママ」の愛称で親しまれ、のちにビートルズもその楽曲をカバーしたソフィー・タッカーもこうしたレビューの舞台から頭角を現した。中でも注目すべきは、女性として初のラジオDJを務めたエルシー・ジャニスだ。第一次世界大戦中に戦地を慰問し、その歌声とコメディで兵士を勇気づけ「アメリカ外征軍の恋人」と称された。こうしたパフォーマーの戦地慰問の需要は第二次世界大戦下でより高まりをみせ、身ひとつでおこなえるというその手軽さから多くのスタンダップコメディアンが最前線に赴いたが、そのきっかけを作ったのはまさしくこの勇気と才能溢れる女性コメディアンだったのだ。

一方、バーレスクはもともとイタリアやスペインなどヨーロッパにおける文学のジャンルとして存在していたが、一八三〇年代にイギリスの劇場で音楽劇として人気を博すと、ほぼ同時代的に、すでに一八四〇年の時点でアメリカに流入している。その受容の中でアメリカではより労働者階級向けに、とりわけ男性向けにアレンジされ、ストリップなどをメインに据えた構成へと転じていくことで、クリーンなヴォードヴィルとは差別化されていった。ニューヨークのバーレスク一座、ミンスキー・ブラザーズの劇場には大きな看板が掲げられ、そこには「あなたのお好きなようにバーレスクを楽しんでください。ただし、家族向けではありませんよ」という文言が並んだ。

会場では酒が提供され、より開放的な雰囲気の中で観客は芸を楽しんだ。もちろんそこで披露されていたネタも、下ネタやより攻撃的な大人向けのものが多かった。

そしてバーレスクは若手コメディアンの研鑽の場としても機能していた。日本におけるストリップ・クラブでの営業を思い浮かべるとわかりやすいかもしれない。セクシーな女性のダンスを目当てにやってくる客を前に、望まれていない中でネタを披露することはときに怒号の対象にもなったという。そうした中でコメディアンたちは手の込んだ、技巧に富んだネタというよりも、むしろ単純でスラップスティック的な笑いへとその芸を転換させていった。バーレスクの舞台から顔芸や身体をふんだんに使ったスタイルのコメディアン、いわゆる「physical comedian（フィジカル・コメディアン）」が多数登場し、彼らはとりわけ映画の時代に大きな活躍を見せることになる。日本の近代漫才に大きな影響をあたえたアボット&コステロもバーレスクの舞台で修行をしたことで知られる。

このように「ヴォードヴィルやレビュー、バーレスクにおいて、当初は歌とダンスの「つなぎ」でしかなかった添え物の「喋り」という芸能が、卓越した才能を持つパフォーマーの登場によって少しずつ重要性を増し、いつしかそれ自体がエンターテインメントとして認識されるまでになった」という説明ができなくもないが、こうした劇場での興行はある日を境に急激に衰退していくことになる。一九二九年九月四日、株価の大暴落をきっかけに起こった世界大恐慌だ。この大規模な不況により、多くの劇場が閉鎖に追い込まれ、芸能自体が一気に下火へと転ずることになる。興行主も大きな打撃を受け、先述の「レビュー王」として一時代を築いたフローレンツ・ジーグフェルドでさえもそのほとんどの財産を失い、失意のまま亡くなっている。コメディアンたちも、劇場という活躍の場を瞬く間に失った。

そうした中で、彼らが自身の才能を遺憾なく発揮するために新たに見出した活路こそ、そのあとのスタンダップコメディの発展に大きく関わる「突破口」となるのであった。

ラジオとトーキー

不況による劇場閉鎖という憂き目に遭い、活躍の場を失ったコメディアンたちが行き着いた新たな活路とは、当時の新興メディアであったラジオとトーキー映画だった。

一九二〇年代以降、ヴォードヴィルの舞台から実に多くのラジオスター、映画スターが供給されていくことになる。そして「喋る」ことが前提のメディアにおける彼らの活躍がその後のスタンダップコメディの発展に大きく寄与していることは言うまでもない。

ラジオの話に移る前にまずコメディと録音について紹介したい。トマス・エジソンがそれまでの再生機能のみだった蓄音機を改良し、録音再生が可能な猟管式蓄音機をはじめて世に出したのは一八七七年一二月六日のことだった。

この発明から一一年後の一八八八年五月一二日、さらなる蓄音機の改良をデモンストレーションするメディア向けのイベントの中で、コメディアンのマーシャル・P・ワイルダーが自身のネタを録音している。『ニューヨーク・タイムズ』紙によると、コメディアンが歴史上はじめてネタをレコーディングした瞬間だった。当時の音声こそ消失してしまっているものの、それ以後もワイルダーは精力的にレコーディングを続け、一九〇八年に吹き込んだ『Stories About The Baby（ストーリーズ・アバウト・ザ・ベイビー）』は現存する最古のコメディ・アルバムと位置付けられている。

一九一三年にはコメディ・アルバムとして初のミリオンヒットを記録する作品が登場する。ジョー・ヘイマンの『Cohen on The Telephone（コーエン・オン・ザ・テレフォン）』だ。電話越しに繰り広げられるヘブライ語訛りの男とその大家の会話劇をひとりで演じたこの作品は、当初ロンドンで録音され、アメリカではコロンビアからリリースされるとたちまち評判を呼び累計二〇〇万枚以上を売り上げる大ヒットとなった。これ以後も多くのコメディアンによってこの続編が作られ、そのカバーアルバムまでもが数多くリリースされた。現代ではコメディの「カバー」は聞き馴染みがないが、それほどまでに影響力が大きい作品だったことがうかがえる。

このように、一九一〇年代の時点ですでに「音声だけで楽しむコメディ」という文化がアメリカ国内である程度は浸透していたことがうかがえる。その機運の中で登場してくる媒体がラジオ放送というわけだ。

ラジオの時代

ラジオはもともとエジソンの会社で技師をしていたカナダ生まれのレジナルド・フェッセデンが一九〇〇年に開発したもので、一九〇六年にマサチューセッツ州の無線局から彼自身がクリスマスの挨拶を流したのが最初のラジオ放送と言われている。しかし当時、一般人で受信機を保有していたのはアマチュア無線家くらいであり、広く多くの人に音声を届けた「放送」というよりは、限られた技術者や通信士を対象にした無線電話の実験と呼ぶ方がふさわしいかった。第一次世界大戦に突入すると、アマチュア無線そのものが禁止されるので、こうした無線電話の使用は一時中断されてしまう。

しかし、終戦後の一九二〇年、まずワシントンDCの海軍飛行場で海軍省が最初の娯楽放送を開始し、民間レベルでもその年の年末には商業放送が許可されることになった。最初の放送は一九二〇年ペンシルベニア州ピッツバーグのラジオ局KDKAが一一月二日に大統領選でのウォーレン・ハーディングの勝利を伝えたものだった。ここから各地で次々にラジオ局が開局し、それぞれが独自の路線で番組作りをはじめることになる。日本でも一九二五年三月二二日、東京芝浦のスタジオから社団法人東京放送局（現在のNHK東京放送局）がラジオ放送を開始している。

こうした中で、より広域に声を届け、マーケットを拡大すべく一九二六年一一月一五日最初の全国ネットワーク局NBCがニューヨークから放送を開始した。一九二九年一月にはCBCも開局している。

当時の番組の中でも特筆すべき人気を誇った番組を紹介したい。NBCが放送していたコメディ番組『Amos 'n' Andy（エイモス&アンディ）』だ［写真2-3］。エイモスとアンディというふたりの黒人キャラクターを軸に、彼らのまわりの市井の人びとの暮らしを愉快に描いたシチュエーション・コメディだ。一九二八年、シカゴのスタジオから放送を開始すると、一気に全国区の人気を獲得し、のちにニューヨークに移ってからも、一九六〇年まで三二シーズンにわたって製作された。一回あたり一五分間のエピソードだったが、そのあまりの人気っぷりに一四日間休みなしで連続放送をおこなうなど初期のラジオ・シーンを文字通り席巻した。多くの映画館でも、観客がその日の『エイモス&アンディ』のゆくえを気にするあまり作品に集中できなくなるため、上映前にラジオを流してから映写機を回していたというぐらい人びとを魅了した作品だった。

しかし、実はこのエイモスもアンディも黒人コメディアンが演じていたわけではなく、フリーマン・

ゴズデンとチャールズ・コレルという白人俳優が「ブラックフェイス」でおこなっていたものだった。それだけでなくスタッフや共演者もほぼすべて白人で固められていたというから驚きだ。当然ラジオというメディアにおいて、リスナーは直接顔を見ることができないので、わざわざメイクをする必要もなく、黒人訛りを用いさえすれば黒人に擬態することが可能だったわけだが、一九四六年に企画されたテレビシリーズでは流石に実際の黒人キャストが起用された。

現在こうしたブラックフェイスの是非をめぐり、当番組への評価は二分されているが、ラジオという新興メディアからシチュエーション・コメディのヒット作を生み出した草分けという点では多くの専門家がポジティヴな意見を持っている。主演を演じたふたりは全米放送事業者業界（NAB）の殿堂入りを果たしている。

写真2-3『エイモス＆アンディ』の宣伝写真（1942）。ブラックフェイスをするゴズデン（左）とコレル（右）のふたり。太平洋戦争中でも人気は健在だった

ここで興味深いのはゴズデンとコレルがラジオ以前にヴォードヴィルで活躍していたわけではないという事実だ。初期のラジオにおけるコメディ番組のほとんどがヴォードヴィル出身のコメディアンによって占められていたため、その点においても『エイモス＆アンディ』は例外的と言える。

では、ヴォードヴィリアンが出演していたラジオにはどのようなものがあったのか。のちに二〇世紀

を代表するコメディアンと称されるボブ・ホープも初期にラジオに活路を見出したひとりだ。

一九〇三年生まれのボブ・ホープはヴォードヴィルでも人気を博したが、一九三七年にNBCの『Woodbury Soap Hour（ウッドバリー・ソープ・アワー）』でレギュラーの座を摑むと、翌年には『The Pepsodent Show Starring Bob Hope（ペプソデント・ショー）』と一〇年の大型契約を交わした。

もともとヴォードヴィルの世界では多くのコメディアンが基本的には同じネタを繰り返しかけていたこと、そして身体の動きが観客に可視化された状態でのパフォーマンスだったことから、毎回違う話題を、しかもときにアドリブも交えながら話し、それも音声のみで笑いを取るラジオへの移行に戸惑いを見せる者も多かったという。そうした中で、ボブ・ホープは自らのポケットマネーから二五〇〇ドルを払って優秀なライターチームを雇っていた。こうして、ラジオがスタッフルームの中で、それも複数の作家によって創られるという現在の風潮ができあがった。ちなみに現在も多くのコメディアンがたとえライターを抱えていてもその事実を隠したり、もしくは積極的に口外しない場合が多いが、ボブ・ホープは自身のライターチームの存在を終始潔く明らかにしていた。しかし彼らライターの仕事はラジオ業にとどまらず、戦地慰問、地方での営業、テレビへの出演、日々の日記でさえ、ボブ・ホープが何かネタのアイディアを欲しがるたびに二四時間態勢で電話を待ち、即座にその要望に応えることだった。

トーキーへの進出

一九二〇年代の技術革新がもたらしたもうひとつの新しいエンターテインメントがトーキー映画だ。それまでのサイレント映画の世界においてもヴォードヴィルやバーレスクに出演していたコメディアンが身体をいっぱいに使ったフィジカル・コメディを駆使し人びとを熱狂と、そして笑いの渦に巻き込んだ。ロスコー・アーバックルやハロルド・ロイド、バスター・キートンなど、現在でもその作品は数多く遺されており世界中にもあまたの愛好者がいる。日本では映画館に活動弁士が常駐し、生の解説や実演をしていたことも有名だ。

そんな中、一九二七年一〇月、世界初となる商業トーキー長編映画『ジャズ・シンガー』が公開された。それまでも実験的な作品や短編作品こそあったものの、長編でなおかつ商業作品となると、ワーナー・ブラザーズが製作した本作が世界初と言われている。作中で主演のアル・ジョルソンによって披露された「Wait a minute, wait a minute, you ain't heard nothing yet.（ちょっと待て、ちょっと待て。お楽しみはこれからだ）」は映画史におけるはじめての「セリフ」として認識されている。

ユダヤ系のアル・ジョルソンはそれまで一九二〇年代のヴォードヴィル界において右に出る者のいないスーパースターとして君臨してきたが、彼をその地位に押し上げた十八番こそまさにブラックフェイスだったのである。もちろん『ジャズ・シンガー』の中でもその〝擬態〟芸は遺憾無く発揮されており、それゆえこの作品そのものも、そして彼自身の燦然と輝くキャリアさえも現代においては曰・

く付きとなってしまっている。しかしそれまでの無声映画から、その美声を実際に観客席にまで届かせた本作が当時の観客にあたえたインパクトは計り知れないものだった。観客はアル・ジョルソンの一挙手一投足、そして一言一句に固唾を呑み、そして足を踏みならしながら熱狂したと当時の史料にはある。興行収入もワーナーの目論見をはるかに超える二六二万五〇〇〇ドルを叩き出したのである。『ジャズ・シンガー』の大成功により当然、他の大手の映画会社もトーキー作品の製作に積極的に乗り出すこととなる。パラマウントは『人生の乞食』（一九二八）、MGMは『ブロードウェイ・メロディー』（一九二九）、フォックスは『懐かしのアリゾナ』（一九二八）をそれぞれ公開し、徐々にサイレントからトーキーへの移行が完了していく。ちなみにウォルト・ディズニーに初のミッキーマウス作品『蒸気船ウィリー』（一九二八）の制作を決意させたのも『ジャズ・シンガー』だった。

映画業界全体は、世界大恐慌の煽りをさほど受けずに、その勢いを増していく。一九二九年時点でアメリカ人ひとりあたりの娯楽への支出のうち、トーキー映画のチケット代は一六・六％を占め、一九三一年には二一・八％へと成長を見せた。まさにトーキーが人びとの娯楽の中心へと移り変わっていった過渡期である。

さて、そうした中でスクリーンに登場する俳優の陣容にも変化が起こった。それまでのサイレント映画の中で活躍した俳優、コメディアンの中でもとくに喋りが達者でない者は徐々にその露出の場を減らしていったのだ。訛りがある、外見と見合った声をしていないという理由でスクリーンから姿を消した俳優もいる。後の時代にミュージカル映画『雨に唄えば』（一九五三）の中で描かれているように、それまでのサイレント・スターが悪声ゆえに淘汰されていく構図も実際に見られ、「旧時代のパフォーマー」という枠組みに追いやられていくことになる。サイレント映画時代にハリウッド・スターとして活躍した日本人俳優の早川雪洲《せっしゅう》や上山草人《かみやまそうじん》もトーキー化に伴い、英語のセリフが必要になったため、日本への帰国を余儀なくされている。

コメディの分野では先述のハロルド・ロイドやバスター・キートンも一九三〇年代以降、トーキーに積極的に出演しいくつかのヒット作は生み出したものの、サイレント時代ほどの活躍は見せることはできず、彼らに取って代わる形でヴォードヴィルでの経験豊富なマルクス兄弟らが台頭することになる。ちなみにローレル&ハーディなどのようにサイレントからトーキー映画へスムーズに移行することができた例もある。

そして一九三〇年代中頃から四〇年代にかけては『或る夜の出来事』（一九三四）に代表される「Screwball Comedy（スクリューボール・コメディ）」と呼ばれるテンポの良い洒脱な掛け合いを全面に押し出したジャンルの映画が立て続けに大ヒットを記録し、「会話劇」が大いに陽の目を浴びることになる。

このように、世界大恐慌がもたらしたヴォードヴィルの衰退によってコメディアンの活躍の場が新興メディアへ推移していく中で、コメディ界に予期せぬ世代交代と自然淘汰が生じた。新時代にフィットしたコメディアンたちが、従来のコメディアン像を根本から覆していくことになる。つまりそれまでの「動きで笑わせる芸」から「声を届ける芸」へとシフトチェンジを遂げたのだった。喋りの立つ者こそがコメディアンとして生き残る、という構造の転換は、プロダクションや業界人の意図によるところではなく、皮肉にも世界中を襲った未曾有の大不況からはじまった。そして失業率が増す暗い話題の多かったアメリカをユーモアで励ましたのも彼ら新時代のコメディアンたちであった。この後ラジオ、映画の黄金時代はこの後しばらく続くことになる。

そしてそれからおよそ一〇〇年が経った今なお、コメディアンにとってラジオと映画は貴重な表現の場として機能している。

ナイト・クラブの興隆

では、ヴォードヴィルの衰退ののち、引き続き舞台でのパフォーマンスを軸にしていたコメディアンたちが行き着いた活躍の場とはいったいどこだったのだろうか。生産の拡大とともに消費文化が促進され、大都市で「豊かな」生活様式が浸透した一九四〇年代のアメリカ。そんなポスト恐慌時代を生きるコメディアンたちにとって、もっとも魅力溢れる主戦場は紛れもなく都市のナイト・クラブのステージだった。そしてこうしたナイト・クラブこそ、それまでのヴォードヴィルとは異なる形のコメディが花開いた現場であった。

ヴォードフィルムとプレゼンテーション・ハウス

話をナイト・クラブに移す前に、この時代に登場したショーの形態をひとつ紹介したい。一九三〇年代以降、急速な映画需要の高まりとともに都市では三〇〇〇人から六〇〇〇人を収容する大規模な映画館の建設が進んだ。ニューヨークを例にとると「ロキシー・シアター」や「ラジオシティ・ミュージックホール」、「ストランド・シアター」などが有名で、連日人びとの娯楽の中心としてヴォードヴィル衰退以後も賑わいを見せた。そして、こうした大型の映画館では映画の上映前に、コメディアンをはじめとするエンターテイナーがライブ・パフォーマンスをおこない、会場に詰めかけた観客を楽しませることが一般化していく。こうした催しがおこなわれた劇場は「presentation house（プレゼンテーション・ハウス）」と呼ばれ、とりわけヴォードヴィルの流れをくむ中堅、ベテラン・コメディアンたちの活躍の場として機能した。その内容はヴォードヴィルのイン・ワンのように、「本編」がはじまる前の賑やかしとしての要素が強く、基本的な枠組みは旧来のパフォーマンスとさほど変わらなかったことが推察される。実際、当時の『ビルボード』誌はこうしたパフォーマンスを「vaudefilm」（言うまでもなくヴォードヴィルとフィルムを合わせた造語）と呼んでいる。先に名前をあげたボブ・ホープものちに映画でタッグを組むことになる若き日のビング・クロスビーとともに舞台に上がり、上映前の観客を盛り上げた。いずれにせよこのプレゼンテーション・ハウスがヴォードヴィル衰退から新たな時代へと向かう過渡期に果たした役割は大きい。

そしてこのヴォードフィルムはとくに金銭的な面において、コメディアンにとって魅力溢れるものだった。ヴォードヴィル時代から知名度のあった当時のスター・コメディアン、ミルトン・バールの証言によると、一日に五〜六本公演をおこなうと、週に三万五〇〇〇ドル（現在の貨幣価値でおよそ七五万ドル）を手にすることができたというから驚きだ。このように旧来からの実績を有する者はプレゼンテーション・ハウスに好条件でブッキングされたが、翻って駆け出しの若手コメディアンにとってはそのステージに参入していくことは容易ではなかった。

そして奇しくもこの頃から、そうした若者を中心とする新たな「ナイトライフ」の形が提唱され、「ポスト・ヴォードヴィル世代」のコメディアンたちは一気に別の活路を見出していくことになる。

ナイト・クラブは大人の笑い

一九二〇年から一九三三年まで続いた禁酒法の時代は、マフィアの経営する「speakeasy（スピークイージー）」と呼ばれるもぐりの酒場が暗躍し、そこではお抱えのジャズ・バンドが演奏するなどアンダーグラウンドでのエンターテインメントが興隆したことで知られる。一九四〇年代に入ると、その名残をとどめつつ、多くの場合マフィアが経営の舵を取る形で、大都市圏を中心にナイト・クラブが次々にオープンした。こうしたナイト・クラブでは連日、スーツやドレスに着飾った若い男女が生バンドの演奏に合わせ夜通し会話やダンスを楽しんだ。

いくつか具体的な事例を見てみよう。ニューヨークのアッパーイーストサイドに一九四〇年一一月にオープンした「コパカバーナ」はその名の通りラテンをテーマにしたクラブで、腕利きのバンドによる演奏はもちろんのこと、コパカバーナ・ガールズと呼ばれるコーラスラインによるショーも人気を博した。ダンスホールはペアになって踊る男女で深夜まで賑わいを見せ、平日でも夜八時と一二時、そして二時からショーがおこなわれた。その公演は音楽のみならず、コメディも目玉として宣伝され、このステージから数多くのスター・コメディアンが誕生している。

同じくニューヨークにあった「エル・モロッコ」はとりわけ社交界や政治家などが足しげく通い、より上品な社交場として人気を博したし、ニュージャージー州のアトランティックシティにあった「クラブ500」は後の時代に映画で大活躍を見せるコメディアン、ジェリー・ルイスとディーン・マーティンの「底抜けコンビ」がデビューした場所としても知られている。

ニューヨークに先駆け一九三六年にシカゴにオープンした「シェ・パリー」もナイトライフの中心地として、二〇年以上にわたり上質なエンターテインメントを提供し続けた。

西海岸に目を移しても、ロサンゼルスの「チロズ」は一九四〇年の開店以来、フランク・シナトラやジュディ・ガーランドが歌声を響かせたほか、ハリウッドという土地柄も相まって、映画スターの集う場所として注目を集めるようになる。ジェームス・ディーンやジンジャー・ロジャース、マリリン・モンローなどがこのクラブを訪れ、マスコミ各社もこぞってその様子を大々的に報じてみせた。

このように、社交場としてのナイト・クラブにおいて披露されていた演目はあくまでも踊れるための音楽が中心であったが、こうした営業そのものが当初から「大人のための社交場」という明確なコンセプトのもとに成り立っていたことは、この時代のコメディを考察する上でいかに強調してもしすぎることはない。店内では食事はもちろんのこと、飲酒や喫煙も推奨されたし、ヴォードヴィルのような「健康的で」「家族向き」の演目とはそもそも一線を画していた。

多くのクラブは十分なダンススペースを確保するため、ステージを極力小さく、場合によってはダンスホールの一角に、観客と同じ高さに設けた。こうしたステージでおこなわれたショーは「floor show（フロア・ショー）」と呼ばれ、観客と演者とはわずか一、二メートルしか離れておらず、お互いにその表情をはっきりと見ることができるぐらい密接な距離で対峙した。とりわけコメディの場合、こうしたフロア・ショーが一般的で、観客は大劇場での公演とは異なる臨場感、ひいては威圧感を感じながらその芸を楽しんだ。

こうした密接な空間（英語では「intimate」と表現する）、しかも観客はお酒も飲んでいるという状況の中で好まれたネタはおもに「crowd work（客いじり）」だった。タバコの煙が立ち込める中、舞台に上がったコメディアンが矢つぎ早に観客を指差しながら辛辣にいじっていく光景を映画などで観たことがある読者もいるかもしれない。実際、この時代にナイト・クラブでの公演で一世を風靡したコメディアンのドン・リックルズやジャック・E・レオナルドは「insult comic（罵倒コメディアン）」と称され、客を次から次へばったばったと斬っていくさまが人気を呼んだ。それもとりわけ容姿をあげつらうジョークが酒の入った彼らをより喜ばせた。今の時代でこそこうした容姿いじりネタは「body shaming（ボディ・シェイミング）」と呼ばれ敬遠されるものの、ほんの数年前までアメリカのスタンダップコメディにおける重要な要素のひとつとして居座り続けた伝統はこうした密な空間から生まれたものだった。もちろん、当時でもいじられた本人は心中穏やかではないし、ましてやデートなどで訪れていた場合、意中の相手の前で辱しめを受けてしまうので、それにおおいに腹を立て舞台上のコメディアンとときに喧嘩にまで発展したであろうことも想像するに容易だ。しかしこの時代、多くの観客がそうした容姿いじりジョークをナイト・クラブのコメディのひとつの醍醐味として、期待を持って享受していた。

また以前のシアターでのネタと比べ、酔客を意識した、よりテンポのいい「One Line（ひとことネタ）」が好まれるようになったのもこの時代の大きな特徴だ。酒が入り集中力の途切れやすいオーディエンスに対してコメディアンはひとネタをより短くしてパンチラインへ一直線に向かうという対策を取った。ヘニー・ヤングマンの有名なワン・ラインでもある「Take my wife（うちの嫁を連れてってくれ）」というジョークもこうした環境下からの産物である。

そしてそもそもがダンスフロアのように、観客が参画することを前提とする環境下でのステージということもコメディアンにとっては大きな意味を持った。それまでの時代の劇場でのショーに比べ、観客がより能動的であったのだ。言い換えれば、ヤジなどによる不測の事態が以前にも増してコメディアンにふりかかった。そのためヤジに対して即興で切り返すことのできる、つまりアドリブの得意なコメディアンが以前にも増して重宝されるようになった。観客もその場に居合わせなければ味わうことのできない、言い換えれば一回性のあるコメディに大きな期待を寄せるようになった。

このようにナイト・クラブという「intimate（密接）」な空間における、「adult（大人）」で、「aggressive（攻撃的）」なショーは、コメディアンに以前にも増して「攻撃性」「速効性」「即興性」を付与した。そしてそれは同時に、旧時代のヴォードヴィルにおいて好まれていたクリーンで健康的なコメディアン像からの大きな転換を意味した。

そして、一九四八年六月二三日、ヴォードヴィル時代から活躍を見せていたルー・ホルツがロサンゼルスのナイト・クラブ、「スラプシー・マキシーズ」でおこなった公演を記事にした『ヴァラエティ』誌はホルツを「Stand-up Comic」と紹介した。歴史上はじめて活字媒体に「スタンダップコメディ」という言葉が用いられた瞬間である。それは同時に、これまでの「コメディ」とは異なる、まさに新たなジャンルの笑い、そしてその担い手が人びとに認識された瞬間でもあった。

それから八〇年が経過した現在でも、ナイトスポットであるコメディ・クラブでおこなわれるスタンダップコメディには当時の息吹が脈々と受け継がれているように感じられてならない。

ボルシチ・ベルトとユダヤ系コメディアン

かつてニューヨークのミッドタウンに「ハンソンズ・ドラッグストア」という一件の酒場があった。オフィスビルの階段を下りると、そこでは幾人もの野心溢れる若手コメディアンたちが毎晩酒を酌み交わしては、簡易ステージで己の話芸を披露し合い、朝までくだを巻いていた。その彼らこそ、バディ・ハケットにレニー・ブルース、ジャック・ロイにドン・シャーマン、ロドニー・デンジャーフィールド［写真2-4］と、のちにシーンの象徴になる面々であった。

ハンソンからはまさに目と鼻の先に集中していたナイト・クラブ。その淫靡で華やかなクラブのステージを夢見ながら、薄暗い地下で安い酒をあおる男たち。「Hanson's Comics（ハンソンのコメディアン）」と呼ばれた彼らは、それでも必死にチャンスを探していた。

この時代、ハンソンに出入りしていたのはなにもコメディアンたちだけではない。バーの一階には複数の企業がオフィスを構えていたが、その多くがブッキング・エージェンシーやプロモーターの事務所だった。そこで働く彼らもまた、仕事を終えると、コメディアンのたまり場へとやってきては、若い彼らとともにグラスを傾けた。そこでどのような会話がなされていたのかはあくまで想像の域を出ないが、確かな才能を持ちあわせ、ひたぶるにチャンスを求めるコメディアンにプロモーターが「仕事」を持ちかけたことはもはや明白だ。中でもラップ・エンタープライズ（通称「ラップ・オフィス」）は初期からこうしたコメディアンたちを精力的に夏期の巡業

写真2-4「不死鳥」ことロドニー・デンジャーフィールド。2004年に亡くなるまで、再ブレイクを繰り返す。とにかく「いい人」だったらしい……

にブッキングした。

マンハッタンから一五〇キロメートルほど北にキャッツキル山地という保養地がある。すでに一八九〇年代にはホテルが立ち並び、ポーランド系やギリシア系、イタリア系、アイルランド系の人びとの避暑地として夏の間、賑わいをみせた。しかし一九二〇年代から三〇年代にかけて、アメリカ国内で反ユダヤ主義が広まり、多くの宿泊施設で「ユダヤ人お断り」という看板が掲げられると、キャッツキルでは、戒律を守ったコーシャ料理を提供するなどむしろ積極的にユダヤ人家族の宿泊を受け入れた。そのためこの地域は一九三〇年代後半にはユダヤ系の人びとが利用する一大リゾート地として認識されるようになり、最盛期の四〇年代後半から五〇年代中頃には実に五〇〇以上のホテルが立ち並び、毎年一五万人以上が訪れたという。そしてこの一帯は、ユダヤ系移民の多くがルーツを持つ東ヨーロッパ発祥のスープ料理、ボルシチから取った「ボルシチ・ベルト」という愛称で呼ばれるようになった。

ボルシチ・ベルトのホテルは、その多くがプールなどの運動施設を完備し、ビンゴ大会などのアクティヴィティに加え、ライブ・エンターテインメントを提供することで客にアピールした。そして上記のプロモーター、ブッカーたちはとりわけ一九四〇年代後半から積極的にコメディアンたちをこのボルシチ・ベルトのホテルでのショーにブッキングしていく。コメディアンたちにとって、ナイト・クラブと比べるとギャラはそこまでよくはなかったが、何よりもステージの時間を得ることができる点で喉から手が出るほど魅力的な仕事だった。

実際ラップ・オフィスは年間一〇〇人を超えるコメディアンをブッキングしたが、そのリストを見てみても、ダニー・ケイ、メル・ブルックス、バディ・ハケット、ジェリー・ルイス、レニー・ブルースなど、錚々たる顔ぶれが並ぶ。彼らの多くがボルシチ・ベルトでの興行で力をつけたのち、ナイト・クラブでのレギュラーとなり、ブロードウェイなどの大規模公演、そして映画へと進出し国民的スターへと上り詰めた。

ちなみに上記のコメディアンに共通するのは皆がユダヤ系にその出自を持つという点だ。そしてアメリカにおけるスタンダップコメディの変遷を論じる際、ユダヤ系コメディアンに関する言及は決して避けて通ることができない。

二〇世紀前半のミンストレル・ショーやヴォードヴィルまで遡っても、コメディの「演者」としてユダヤ系が占めてきた割合は、現在約二パーセントほどと言われているアメリカ国内のユダヤ系の人口分布と比較しても突出している。この伝統は二〇世紀後半になっても続き、一九七八年の『タイム』誌の発表によると、当時のプロ・コメディアンの八〇%がユダヤ系だとある。二〇一三年の人種のステレオタイプに関する調査では、ユダヤ系アメリカ人の実に四二%が「ユーモアのセンスがあることをユダヤ系の本質だと考える」と答えている。二〇二三年現在でも、元来ユダヤ系の人口が多いニューヨークはもちろんのこと、私が拠点を置くシカゴのコメディ・クラブでさえ、ショーケースにユダヤ系コメディアンがひとりも出演しない日は珍しい。

一九四〇年代から五〇年代にかけてのユダヤ系コメディアンのネタ、言い換えるとボルシチ・ベルト期の彼らの作品にはいくつかの共通する特徴がある。「rapid-fire（早口なトーク）」「word play（言葉遊び）」「self-deprecating（自虐）」そして「sharing bad luck（不遇さの共有）」だ。

まず、早口で繰り出されるジョークに関しては、先述のとおりナイト・クラブでの酔客向けに構築された語りであるという時代背景も起因しているはずだが、元来こうしたユダヤ系のコメディアンには、日常レベルから早いピッチで会話を展開するニューヨーカーが多かったことも理由としてあげられよう。言うまでもなく全米最大のユダヤ人コミュニティ、ニューヨークから多くのコメディアンがボルシチ・ベルトに供給された。バディ・ハケット、ロドニー・デンジャーフィールド、ダニー・ケイにヘニー・ヤングマン（イギリス生まれ、ニューヨーク育ち）らニューヨーカーのマシンガントークは後の時代のウッディ・アレンの芸にも踏襲され、伝統として受け継がれていく。

言葉遊びはユダヤ系に限ったことではなく、この時代多くのコメディアンが取り入れていたが、旧約聖書などの引用をおこないながら、宗教性、民族性を付随させたネタにしていたことはひとつの特徴として数えられよう。映画プロデューサーとしても成功を収めるメル・ブルックスも初期の頃は「pun（ダジャレ）」を多用していたことで知られている。

また、自虐ネタの使い手が非常に多かったことも大きな特徴だ。とりわけ、自身の身体的特徴をジョークにする手法が目立つ。ロドニー・デンジャーフィールドは鏡に映る自身の容姿に辟易としたというジョークを無限に持っていたとされるし、グルーチョ・マルクスもスクリーンの中でたびたび自らを嘲笑ってみせた。そしてそうした自虐ネタは日頃の会話の中でも繰り返し用いられ「jewish nose

（ユダヤ人の鼻）」と呼ばれる「ユダヤ人の鼻が大きいのはなぜか？　だって空気はタダだから」というもっとも手垢のついたエスニック・ジョークとして今日にいたるまで繰り返しコメディアン以外の人びとにも使用されてきた。

そして最後に、不遇さの共有こそ、もっとも顕著なユダヤ系のユーモアとして認識されうると言えるだろう。それは数千年にわたって同胞が辿った不遇の「歴史」でもあり、当時のアメリカにおいて今まさに起きている「現在」でもあった。流浪という民族レベルでの受難から、とりわけアメリカ国内で直面した迫害の記憶、そして当時生々しい傷として人びとの心に刻まれたホロコーストにいたるまで、「不遇」の題材は十分すぎるほどに存在した。ボルシチ・ベルトでおこなわれていたのは、大戦直後いまなお残るユダヤ人差別を、ユダヤ系であるコメディアン自身が、ユダヤ系の観客と共有することで、それらを笑いに昇華し、まさに笑い飛ばすことであった。

ここで興味深い事実がある。先述のユダヤ系コメディアンの多くが「stage name（芸名）」を名乗ることで、ユダヤ系とわかる自身の本名を隠蔽しているのだ。例をあげよう。

・デーヴィッド・ダニエル・カミンスキー→ダニー・ケイ
・メンデル・バーリンガー→ミルトン・バール

・レーナード・ハッカー↓バディ・ハケット
・セリーヌ・ジーグマン↓ジーン・キャロル
・メルヴィン・カミンスキー↓メル・ブルックス
・ジェローム・レヴィッチ↓ジェリー・ルイス
・レーナード・シュナイダー↓レニー・ブルース
・アラン・コニグズバーグ↓ウッディ・アレン

このようなアクションは「cultural assimilation（文化的同化）」と呼ばれ、とりわけユダヤ系のそれは「jewish assimilation（ユダヤ同化）」と言われる。敬虔な親の世代から子供の世代へと経る中で、より「アメリカナイズド」していくという文脈でもしばしば用いられるが、こうした改名や通り名による出自隠しもこの時代多く見られた同化の一例とみなされている。それは、大学などの高等教育機関がユダヤ人の受け入れを拒否していたり、仕事においても真っ当な処遇を受けられなかったりという当時の社会状況が起因しているが、そうした状況をネタにしていたコメディアンたちでさえ積極的に同化を試みていたという事実は示唆に富む。目に見える差別や、謂れのない社会からの批判的な眼差しが確かに残存していたこの時代、「マジョリティ風」の名前、言い換えれば「白い」芸名の使用はユダヤのアイデンティティの隠蔽に一役買った。

同時に、自ら芸名を名乗るこうした「擬態」は、彼らがユダヤ系の観客に対してでさえ、ある一定の距離を保ち、第三者的な視座で語りかけていたことを意味する。そしてそれこそ、後の時代、さらなる活躍を見せるユダヤ系コメディアンたちが、決して同胞に対してのみの「内向き」な笑いではなく、「メインストリーム」の白人オーディエンスに対して「外向き」のベクトルを向けていたことの現れなのだろう。

リゾート開発と新しいステージ

マイアミの勃興

夏に避暑地で研鑽を積んだコメディアンたちが、冬の働き場所として選んだのはこの時代に勃興したビーチ沿いのリゾート地、マイアミだった。

一九三〇年代中盤、ハイアリア・パーク競馬場の人気に合わせてマイアミにホテル建設ブームが訪れ、一九三六年から三七年のわずか一年間に一八八軒のホテルと、六一八軒のマンションが造られたという。しかし太平洋戦争に突入すると、ホテルの客室は兵士のための病院に、アパートも訓練生の寄宿舎として利用され、観光業は一時下火に転じる。戦争終結ののち、一九五〇年ごろから再び開発が進み、リンカーンロード以北には高級ホテルやコンドミニアムが集中し、一躍アメリカを代表する避寒地に成長した。中でも一九五四年に完成した「フォンテンブロー・ホテル」は富裕層をターゲットに、三食の食事に加えホテル内でのエンターテインメントの料金が宿泊プランに含まれる「アメリカン・プラン」を押し出した。現在、メキシコのカンクンやプエルト・リコなどのリゾートホテルで採用されている「all-inclusive（オール・インクルーシヴ）」のシステムに近いだろう。つまり、宿泊客は追加料金を支払うことなく上質なパフォーマンスを、しかもホテルの中で鑑賞することが可能だったわけだ。その陣容はフランク・シナトラなどの大物歌手から、マーティン&ルイスのように映画で活躍するコメディ・スター、そしてボルシチ・ベルトでも活動するフレッシュなコメディアンまで実に幅広いものだった。

若手コメディアンたちは、こうしたマイアミのホテルでの営業によって冬季（一月から三月まで）の十分なステージを確保することができたし、ボルシチ・ベルトに比べギャラもよかったので、生活を支えるという意味においても「割りのいい」仕事であった。そして、もともとが無料に設定された公演であったため、チケットの売れ行きによってギャラが変動することはなく、知名度の芳しくないコメディアンにとってもディスアドバンテージの少ない公演であったことがうかがえる。現在でもこうしたリゾートホテルでの住み込みのコメディ公演はわずかながらに残存しているが、より一般的なのはクルーズ船での興行だろう。ミュージシャンやコメディアンが乗船し、数週間にわたりカリブ海の島々を巡りながら、船内に設けられた劇場で連日パフォーマンスをおこなう。ここでも日々のコメディ・クラブに比べて安定した収入を得ることができるので、われわれにとっては逃したくない機会であり、多くのコメディアンたちがそのスポットを争っている。

また一九五〇年代のマイアミでは、ホテル建設ブームに伴い数多くのナイト・クラブもオープンした。ニューヨークやロサンゼルスに本店を構えるクラブが次々にマイアミ支店を開業し、陽気なラテン音楽が流れるメインストリートは全米から押し寄せた観光客で溢れかえった。

こうして、コメディアンたちはリゾートホテルとナイト・クラブの公演を掛け持ちながら腕を磨いたわけだが、そこでは言うまでもなく、それまでの「地元住民向け」から「観光客向け」へとネタのアレンジが余儀なくされた。

現在でも、おもに地元の人びとを笑わせるネタを「local joke（ローカル・ジョーク）」と呼ぶ一方で、バラバラな場所から集まった観光客を笑わせるジョークのことは「tourist joke（ツーリスト・ジョーク）」と呼んだりする。

「ローカル・ジョーク」はその土地の常識や文化、社会背景を知っているからこそ笑えるという特性上、さまざまな土地から集まった価値観の異なる観客にはおよそふさわしくない。それゆえコメディアンたちはまず、その日の観客がどこからやってきてどのような文化的バックグラウンドを有しているかを知らなくてはならないからこそ、積極的に舞台上から話しかけるという手段を選んだ。「Where do you come from?（どこから来ているの？）」というもっともシンプルな問いかけは、おそらく今日にいたるまで、アメリカ中のコメディの公演で舞台上からもっとも多くなされてきた質問だろう。その質問に対して返ってきた答えをコメディアンは即興で（もしくはある程度あらかじめ用意しておいたジョークで）いじってみせる。それは、たとえばその場所のステレオタイプや、ゆかりの有名人、歴史上の人物、名産品、時事ネタなどであり、同じ空間の他の観客もが共有している題材である必要があった。例をあげれば、観客が「シカゴ出身」と答えれば「治安が悪い」「エイブラハム・リンカーン」「アル・カポネ」「シカゴピザ」「万博」『シカゴ大火』などで話を広げるというわけだ。観光客を盛り上げるためにコメディアンたちは各地の情報をインプットし、どんな答えが返ってきてもそれに対応できるように準備を心がけたに違いない。

ここでお気づきの読者も多いだろうが、こうした地元いじりはきわめて表層的になりかねないジョークであるため、コメディアンの技術によっては、いじられた本人はおもしろいと感じないばかりか苦々しい思いをしてしまうことだってある。以前も私のショーをシカゴまで観にきた友人が、私の出番の前に出演したコメディアンにどこから来たか尋ねられ、日本と答えると「空手」や「寿司」「ピカチュウ」などでいじられ、なんだかやるせない心持ちがしたと言っていた。もちろんそうしたステレオタイプ的ないじりは今の時代においては他の観客にもウケるわけはなく、コメディアンへの直接的な批判や炎上にも繋がる。

それでもこの時代、リゾートに集った、バックグラウンドの異なるバラバラな観客をひとつにするためにコメディアンたちが見出したこの解決策は、ユダヤ系コミュニティ内やニューヨークのクラブといった限られたオーディエンスの枠組みを越え、より多くの人びとに笑いを届けようという姿勢の表れでもあった。その外向きのアクションは、今なお脈々と日々のコメディ・クラブでの「crowd work

（客いじり）」に伝承されている。そして現在では、ステレオタイプ的なものではない、より深層的な対話まで展開されているという事実こそ、七〇年間のアメリカのスタンダップコメディの進化なのだと感じる。

ラス・ベガスという夢

この頃、ニューヨークから遠く離れた砂漠に巨大なリゾート地が建設された。ラス・ベガスである。のちに「エンターテインメントの都」を自称するラス・ベガスの勃興も、コメディのリゾート地への展開に一役買った。

一九三一年、ネヴァダ州は他州に先駆けラス・ベガスでのカジノを合法化する。ときを同じくして、大恐慌による失業者対策の一環ではじまったフーバーダム建設プロジェクトで街の人口は増加したものの、それでもホテルの立ち並ぶ現在のラス・ベガスの姿とは程遠かった。

一九四六年に「バグジー」の愛称で知られるニューヨーク出身のマフィアでユダヤ系移民のベンジャミン・シーゲルがホテル「フラミンゴ」をオープンすると、「サハラ」や「リビエラ」などがそれに続いた。それらのホテルではカジノはもちろんのこと、ホテル内に作られた豪華なショールームでのエンターテインメントも大いに宣伝され、多くの観光客を呼び込んだ。

当初からそのギャラは桁違いだったといい、コメディアン、レッド・バトンズは当時を回想して後のインタビューで冗談交じりにこう答えている。「当時はラス・ベガスで四週間も公演すれば、コメディアンがどこかの国を丸ごと買えちまうぐらいの給料をもらえたさ」

こうしてナイト・クラブに取って代わり、瞬く間にベガスはコメディアンにとっての理想のステージへと変貌を遂げたのだ。人気コメディアンたちはこぞってラス・ベガスへと巡業に出かけては大金を手にした。今なおベガスがコメディアンたちにとって、「拠点を置きながら日々舞台に立つ都市」というよりはむしろ、「短期の公演のために他の都市から訪れる場所」とみなされているのにはこうした背景もあることだろう。

また、ボルシチ・ベルトやマイアミのように季節営業のリゾートと異なり、年間通して多くの観光客が訪れていたラス・ベガスでは必然的にチャンスも多かった。基本的にホテルもカジノも二四時間営業だったため、深夜でも多くのコメディが催され、若手へのチャンスはもちろん、より実験的なショーも多く誕生した。たとえば「サハラ」ではドン・リックルズが司会を務めるショーケースが毎晩三回おこなわれ、多くの若手コメディアンたちが深夜一二時半、二時半、五時半とまさに朝まで舞台に立った。そしてこうしたベガスで見出された若い才能が後の時代にテレビや舞台で活躍を見せることになる。

テレビへの進出

『ヴァラエティ』誌で歴史上はじめて「Stand-up Comic」という語が用いられた一九四八年六月、ふたつの伝説的テレビ番組がそれぞれNBCとCBSではじまった。『Texaco Star Theater（テキサコ・スター・シアター）』（NBC）と『The Ed Sullivan Show（エド・サリヴァン・ショー）』（CBS）である。

そしてこのテレビというメディアがスタンダップコメディの全国的浸透に大きな影響を及ぼしたことはもはや言うまでもない。

『テキサコ・スター・シアター』とサイト・ギャグ

一九四八年六月八日、NBCは『テキサコ・スター・シアター』の放送を開始した。もともと、石油会社テキサコ（現在のシェブロン）が一社提供するラジオ番組として存在していたが、ラジオ時代から出演していたミルトン・バールをホストにテレビ版が製作された。当時四〇歳だったミルトン・バールはすでに言わずと知れた大スター。ヴォードヴィルの時代から活躍し、ナイト・クラブでは週に一万ドル稼ぐと言われるほど、まさにステージの帝王として君臨していた。

テレビ画面の中でバールによって繰り広げられたハイテンションなトークと大げさな動き、それに派手な衣装での笑いは「site gag（サイト・ギャグ）」と呼ばれ、たちまち人びとの心を摑むことに成功する。ラジオやレコードのように、それまで音声で届けるほかなかったジョークは、テレビという新興メディアの登場で、文字通り視聴者の視覚に直接訴える笑いへと発展を遂げたのだった。

毎週、火曜日の夜八時から九時（以下東部時間）までニューヨークのスタジオから生放送されていたこの番組は、当時のテレビ所有者の約八〇％が視聴したという驚異的な数値を記録し、たちまち社会現象となった。アメリカにおけるテレビの普及そのものにも貢献したと言われており、国内のテレビ保有は、放送開始時の約五〇万台から、一九五六年の放送終了時までに約三〇〇〇万台へと飛躍を遂げた。

ちなみに日本のテレビ黎明期であった一九六一年、ＮＨＫが放送を開始した『夢であいましょう』はこの『テキサコ・スター・シアター』からの大きな影響が見て取れる。中村八大《はちだい》率いるジャズバンドの生演奏や、渥美清や黒柳徹子、Ｅ・Ｈ・エリックらによってテンポよく演じられたコントは、今見ると非常にアメリカ的に映る。この時代、アメリカを魅了したミルトン・バールのコメディは海をも越えて、世界中に影響をあたえたのだった。

アメリカ国内でも、放送開始直後から大手メディアはこぞって番組を好意的に取り上げ、ミルトン・バールは『ニューズウィーク』誌や『タイム』誌で表紙を飾り「ミスター・テレビジョン」と称された。番組名にふさわしい、まさにテレビ・スターの誕生である。

それまでヴォードヴィルから、ナイト・クラブ、ラス・ベガスにいたるまで、舞台上のありとあらゆる功績すべてを手にしてきたバールだが、この「テレビ」という新興メディアは、それらを凌駕するほどの、より強大で痛烈なインパクトを一瞬にして、しかもアメリカ全土の人びとにあたえたのだ。アメリカのお茶の間における最初のスターはコメディアンだったのである。

『エド・サリヴァン・ショー』とテレビでのスタンダップコメディ

『テキサコ・スター・シアター』の放送開始から二週間後の六月二〇日、CBSでは『Toast of the Town（トースト・オブ・ザ・タウン）』（「街の人気者」の意）がはじまった。後の『エド・サリヴァン・ショー』である。

写真2–5 ビートルズ・ファンにもお馴染み、エド・サリヴァン。子供の頃、彼の「Ladies & Gentlemen」の言い方を真似した記憶がある

番組開始時からすでにスター・コメディアンだったミルトン・バールと対照的に、それまでゴシップ誌のコラムニストをしていた司会のエド・サリヴァン［写真2－5］はお世辞にも親しみやすいキャラクターとは言えず、後の時代に「Great Stone Face（偉大なる鉄仮面）」と揶揄される仏頂面が特徴だった。それゆえ、CBSの上層部は放送開始直後からすでにサリヴァンの降板を考えていたそうだが、予想に反し

番組は好評を博す。ヴォードヴィルを彷彿とさせる、上品でクリーンな演出が、リビングで家族揃って観るテレビ文化にフィットしたのだ。

土曜日の夜八時から九時（ファースト・シーズンのみ九時から一〇時）に放送された『エド・サリヴァン・ショー』は毎週四〇〇〇万人が視聴する人気番組となった。その後一九七一年の放送終了まで、実に二三年間に渡って続く長寿番組となったことはあまりにも有名である。そして何より、スタンダップコメディへの貢献という意味において、この番組が果たした役割は計り知れない。

現在の視点からエド・サリヴァンという人物の功績を考察する際、多くの人が論じるのは音楽、とりわけロックへの貢献だろう。一九五六年には当時人気絶頂のエルヴィス・プレスリーを、そして一九六四年にはビートルズをアメリカのテレビへ初出演させたことで知られる。

しかし二三年間、一〇六八回にわたる放送の中で、ほぼ毎週若手のスタンダップコメディアンがゲスト出演し、六〜七分間のネタを披露する機会を得ていた点は無視することができない。『エド・サリヴァン・ショー』への出演をきっかけに全国的な知名度を得たコメディアンは枚挙にいとまがない。ハンソンズの地下でくすぶっていたコメディアンたちは、エド・サリヴァンのお墨付きを得ることで、ナイト・クラブや大劇場の契約を勝ち取るまでにキャリアをブーストさせたのである。

そしてアメリカの視聴者の多くが、ブラウン管の向こう側から、はじめて、スタンダップコメディという新しい芸能に触れた。スタンダップコメディアンをナイト・クラブからお茶の間へと送り届けたこの番組の功績はいくら強調してもしすぎることはないのである。

レイトショーとジョニー・カーソン

あくまでも「家族向け」だった『エド・サリヴァン・ショー』には少々刺激が強すぎる、言い換えると、エッジの効いたコメディアンたちにとって、この時代にはじまった「late show（レイトショー）」の存在は大きかった。そして現在にいたるまで、このレイトショーへの出演こそ、多くのスタンダップコメディアンのもっとも確かな目標足りえてきた。

今日、テレビの「レイトショー」にはいくつもの種類があるものの、一般的に「レイトショー」と聞いて多くのアメリカ人が真っ先に想起するのはＮＢＣの『The Tonight Show（トゥナイト・ショー）』であろう。一九五四年の番組開始以来、二〇二三年現在まで七〇年近く放送を続け、世界放送最長記録を更新し続けるトーク番組だ。二〇一四年からはコメディアンのジミー・ファロンが司会を務め、平日の夜一一時三五分から約一時間、ニューヨークのロックフェラー・センターより生放送されている。

第一回目の放送は一九五四年九月二七日。初代の司会はスティーヴ・アレンが務めた。アレンは、ニューヨークのハドソン・シアターから一九五七年まで生中継を続けたが、ＮＢＣがライバル局であるＣＢＳの『エド・サリヴァン・ショー』に対抗すべく、土曜の晩の新番組へ彼の移籍を決めたため『トゥナイト・ショー』を去ることになった。ちなみに新番組の『The Steve Allen Show（スティーヴ・アレン・ショー）』には一九六一年、《上を向いて歩こう》（英題はSUKIYAKI）で全米一位を獲得した坂本九がゲスト出演している。

一九五七年、二代目の司会にジャック・パールが就任すると、彼は積極的にスタンダップコメディアンを招き、ネタを披露させた。一九六〇年番組内で自らの放ったジョークが局の検閲の対象になったことに腹を立て、一度は番組を降板する騒動まで起こしたパールは、若手のコメディアンに「攻めた」ジョークを奨励した。その結果、『エド・サリヴァン・ショー』ではプロデューサーに煙たがられていたコメディアンたちが、深夜帯の『トゥナイト・ショー』に集まりだした。モート・サールにジョーイ・ビショップ、シェリー・バーマンやジョナサン・ウィンタースといったコメディアンのネタは当時画面の前で観ていた視聴者にとって、さぞかし刺激の強いものだっただろう。そして、彼らの作品がオンエアされることで、コメディ界のトレンドそのものも、より実験的かつ風刺に富んだジョークへと成長していったのだった。

さて、一九六二年ジャック・パールが番組の降板をアナウンスすると、後釜に指名されたのは当時三六歳で、平日の昼にクイズ番組のホストをしていた若手コメディアン、ジョニー・カーソンだった［写真2－6］。

一九六二年一〇月一日、ベテラン・アナウンサー、エド・マクマホンの「Here's Johnny（ジョニーのお出ましだ）」という紹介で、バンドの演奏とともに、カーソンはゆっくりとカメラの前に現れた。それは今から振り返ると、まさにアメリカのスタンダップコメディの歴史が動いた瞬間だった、と言っても誇張にはなるまい。

番組を勇退する一九九二年までの三〇年間、『トゥナイト・ショー』に出演し、カーソンに認められることこそ、スタンダップコメディアンにとっての夢であり続けたし、この番組の出演で数え切れないほどのスタンダップコメディアンが「アメリカン・ドリーム」を手にした。そしていつしか、人びとは「『トゥナイト・ショー』へ出演してこそ一人前のコメディアン」とさえ言うようになった。大げさでなく、多くのコメディアンの人生が一夜にして変わるのがこの『トゥナイト・ショー』だった。そして何よりも、その一部始終が画面を通して全米の視聴者に可視化された。

写真2-6 ジョニー・カーソン（右）とウッディ・アレン（左）。カーソンの家族は今でも地元ネブラスカ州でコメディ・フェスティバルを開催している。その名も「グレート・アメリカン・コメディ・フェスティバル」。雄大である

カーソンに紹介され、カーソンの見つめる目の前でネタをする。極度の緊張の中、それでも観客を沸かす。カーソンも手を叩いて笑う。ネタが終わりコマーシャルに移る際のカーソンの表情、反応に視聴者も固唾を飲んだ。「作り笑いではない、本当の笑いだ」。CMが明け、本来なら舞台袖にはけているべきコメディアンがカーソンの机の横にあるソファーに呼び戻され、インタビューされている。認められた証拠だ。ここまで来れば、このコメディアンは番組にまた必ず呼び戻される。そしてそれは同時に、

スターへの仲間入りを意味した。もうこの時点で、マネージャーへのブッキングの電話は鳴り止まなかったに違いない。

カーソンは終始、まだ名前の知られていない、若く才能溢れるコメディアンを発掘することに情熱を燃やした。そして視聴者も、テレビというお茶の間と地続きの媒体を通して、ひとりの若者がまさに夢を摑み、スターになっていく「過程」そのものを見届けるというスリルを存分に楽しんでいたのである。

一九七二年、カーソンはニューヨークを離れ、ロサンゼルスのバーバンクにあったスタジオからの放送を決意する。この移転以降、カーソンに認められるため、多くの才能が一路ロスを目指した。ジェイ・レノ、ジョーン・リヴァース、デイヴィッド・レターマン、ジェリー・サインフェルド、ジム・キャリー。

それまでニューヨークこそ成功への近道と信じて止まなかったコメディアンたちは、西へと向かったのだった。

新しい世代のコメディアンたち

ここで話を一旦一九五〇年代に戻そう。

コメディアンたちの主戦場が、華やかなナイト・クラブだったこの時代、サンフランシスコのとあるクラブでは新しいスタイルのコメディが花開こうとしていた。

ハングリー・アイとモート・サール

一九五〇年、サンフランシスコに一軒のクラブがオープンした。わずか八三席のこぢんまりとしたこの店は「hungry i（ハングリー・アイ）」と名付けられ、たちまち地元のフォーク・ミュージシャンやジャズバンド、それに俳優たちが公演をおこなう人気スポットになった。諸説あるが、店の名前は「渇望」を意味する「hungry」と、「知的な」という「intellectual」に由来しており、この時代盛り上がりを見せたビート文学やビバップ・ジャズを愛好する知識層が好んで店を訪れた。そのため、ナイト・クラブのショーの雰囲気とは異なり、ひどく酒に酔った観客もいなければ、ヤジを飛ばす者もおらず、彼らの多くが思慮深く、そしてじっくりと演奏に耳を傾けていたという。きらびやかな照明もなければ、コーラスガールもいない。ただ、むき出しのレンガがあるだけの簡素なステージを携えたこの空間は、当時の言葉で「hip（ヒップ）」と表現された。本書では、大型のナイト・クラブとの混同を避けるため、こうしたクラブを「ジャズ・クラブ」と呼ぶことにする。

そしてそのステージでスタンダップコメディがおこなわれるまでに、そう時間はかからなかった。

一九五三年、「ハングリー・アイ」でひとりのコメディアンが初舞台を踏んだ。当時二六歳だったモ

写真2−7　1950年代から60年代のスタンダップコメディを題材にしたドラマ『マーベラス・ミセス・メイゼル』（2017−）にも登場するレジェンドのひとり、モートサール。ジョン・F・ケネディ元大統領がスピーチ原稿を依頼したエピソードも有名

ート・サールだ［写真2−7］。「現代のスタンダップコメディを形作った」とも称されるサールは、確かにそれまでのコメディアンとは異なるスタイルの表現者だった。

高校卒業後、空軍に入隊し第二次大戦にも従軍したサールは、戦争が終わると名門南カリフォルニア大学に入学し、工学の学位を取得している。卒業後も大学院へと進学したが、劇作家を目指すべく中退し、当時の恋人を頼りサンフランシスコに流れ着いた。

サールはタキシードやスーツといったそれまでのコメディアンの「制服」を放棄した。Vネックのセーターに、カッターシャツのボタンを二つ三つあけたカジュアルな装いで舞台に上がり、声を荒らげることなどなく訥々と観客に話しかけたのだ。その内容は極めて風刺性に富み、あるときにはその日の新聞を持って舞台に上がり、記事を読み上げながら自らの意見をネタにした。今ではコメディ・セントラルの『The Daily Show（ザ・デイリー・ショー）』やNBCの『サタデー・ナイト・ライブ』でおなじみの、こうしたニュースをいじるジョークも、当時は真新しいものだった。そしてそうしたネタは、カリフォルニア大学バークレー校を有し、先進的でリベラルな雰囲気を持ち合わせるサンフランシスコの客層にすぐさま受け入れられた。この日「ハングリー・アイ」のステージで、アイゼンハワーが大統領に就任した新聞記事を紹介して以来、二〇二一年九四歳でその生涯を閉じるまで、サールはすべての大統領をジョークにしてみせた。そしてネタの最後には少しはにかんでいつも決まってこう言った。「さぁて、他にいじってほしいやつはいるかい？」

サールのこうしたパフォーマンスは、たちまちメディアでも話題を呼び、地元新聞には「知的で、人びとの目を開かせるコメディ」という文字が躍った。

翌年、サールはジャズバンドとともに大学をめぐるツアーを敢行する。今ではコメディアンによる「college gig（カレッジ・ギグ）」は一般的だが、この時代においては非常に画期的な試みだった。サールのツアーは成功を収め、ボヘミアンでかつリベラルな当時の大学生にも大きな影響をあたえた。

こうして順調にキャリアを積み重ねたサールは、シカゴの「ミスター・ケリーズ」や、ニューヨークの「ブルー・エンジェル」などに代表される全国のジャズ・クラブでもツアーをおこなったばかりか、大型ナイト・クラブのギグにも進出し、週給七五〇〇ドルを稼ぐという商業的成功をも収める。

評判を呼んだツアーを終える頃には、当時もっとも影響力のあった司会者、スティーヴ・アレンをして「唯一の政治哲学者」と言わしめ、『トゥナイト・ショー』をはじめとする多くのテレビ番組にも出演も果たした。

さらに勢いに乗ったサールは一九五八年、ホームグラウンドの「ハングリー・アイ」でライブ・アルバムのレコーディングをおこなう。ジャズレーベルのヴァーヴから『The Future Lies Ahead（ザ・フユーチャー・ライズ・アヘッド）』と題されリリースされたレコードは、たちまちスマッシュヒットを記録し、『ニューヨーカー』誌や『プレイボーイ』誌、『タイム』誌でも絶賛された。

そしてこのヒットこそ、若い世代のスタンダップコメディアンに大きな勇気をあたえ、このあとやってくるライブ・アルバムのリリース・ブームの契機となったことは疑いようがない。そして、今日にいたるまで、われわれコメディアンはライブを録音し、リリースすることでブレイクスルーを目指してきた。

あの日、「ハングリー・アイ」のあの狭い店内から、サールがたった八三名に届けた「声」は、時代を超えて、後の世代のコメディアンにたしかに受け継がれている。そしてナイト・クラブとは一線を画す文化的な空間で生まれた新しい時代のコメディの波は、コメディアンたちに表現の幅の可能性をあたえてくれるものだった。

アルバム・リリース・ブーム

モート・サールは自身の表現活動の傍ら、才能ある若手コメディアンを積極的に見出したことでも知られる。そのひとりがシカゴ出身のシェリー・バーマンだ。

もともと「コンパス・プレイヤーズ」（セカンドシティの前身）という劇団でインプロヴァイザーとして活動していたバーマンを、スタンダップコメディの世界に誘ったのはサールだった。地元シカゴのミスター・ケリーズをはじめ、ジャズ・クラブのステージで経験を積んだバーマンは一九五九年、サール同様ハングリー・アイでのライブを録音し、ジャズレーベルのヴァーヴから『Inside Shelley Berman（インサイド・シェリー・バーマン）』をリリースする。するとこのアルバムはサールを越える五〇万枚以上を売り上げる大ヒットとなり、ライブ・アルバムとしては初となるゴールドディスクに認定された。

そしてこの年に新しく設けられたグラミー賞の「Best Comedy Performance-Spoken（最優秀コメディ・パフォーマンス）」に輝いた。ちなみにこの部門は一九六八年には「Best Recording（最優秀コメディ・レコーディング）」に名前を変え、二〇〇四年からは現在の「Best Comedy Album（最優秀コメディ・アルバム）」として今なお残存している。

翌一九六〇年三月には、史上初となるニューヨークの「カーネギーホール」でスタンダップコメディのソロ公演という偉業を達成した。アルバムの大ヒットがこうしたマイルストーンに直結していたことは言うまでもない。

レニー・ブルースにもサールの影響を色濃く見て取ることができる。そのあまりにも早すぎる死や、たび重なる逮捕、そして後年ダスティン・ホフマンが主演しその生涯を描いた映画『レニー・ブルース』（一九七〇）によってやや神格化されすぎているレニー・ブルースだが［写真２－８］、彼もまた一九五九年、サンフランシスコで吹き込んだアルバム『The Sickness Humor of Lenny Bruce（シックネス・ユーモア・オブ・レニー・ブルース）』をリリースしている。

ニューヨーク生まれのブルースは、ボルシチ・ベルトやナイト・クラブでの公演で経験を積むが、最

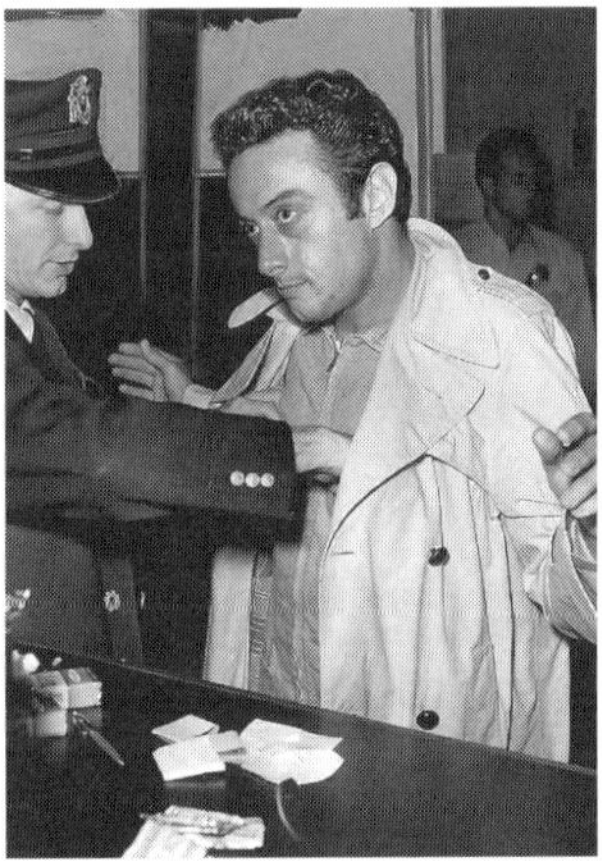
写真2-8 1961年に逮捕されるレニー・ブルース。この写真は彼のアイコンにもなっており、下北沢でこれがプリントされたTシャツを着たロッカーなおじさんに遭遇したこともあった

終的にその魅力を最大限に発揮することができたのは、「ハングリー・アイ」をはじめとするジャズ・クラブだった。それまでタブーとされてきたテーマを臆することなくネタにし、攻撃的なジョークを連発。一部のファンからのカリスマ的人気を獲得していく。アルバムのリリースに先駆け出演した『スティーヴ・アレン・ショー』では司会のアレンから「今の時代、もっとも衝撃的なコメディアン」と賞賛され、その知名度は一躍全国区になる。舞台上で「cocksucker」という卑猥な言葉を発し逮捕される二年前のことであった。一九六六年に薬物の過剰摂取で亡くなるまでに合計六枚のアルバムを世に出し、現在でもそのLPは熱心なファンのコレクションとなっている。

ここで興味深い事例がある。そのあまりに攻撃的なネタから『タイム』誌上で「sick comic（不健全なコメディアン）」と批判されたブルースが、一九六五年に刊行した自伝にてそれへの反論として、前の世代のコメディアンについて言及している箇所がある。そこでは、当時活躍していたミルトン・バールの女装ネタや、ジェリー・ルイスの日本人いじりネタ、ヘニー・ヤングマンのボディ・シェイミングネタこそ「健全ではない」「時代遅れなネタ」と辛辣に批判している。そして、こうした批判こそ、ブルースが自身をナイト・クラブ期のコメディアンたちと相対化し、「新しい時代」のコメディアンとみなしていたことの表れになるだろう。

実際、こうしたナイト・クラブ期のコメディアンたちは、アルバムのリリースにいささか懐疑的だった。クラブでのヘッドライナーとしての興行や、ラス・ベガスでの公演をおこなえば、一週間で一万八〇〇〇ドルを手にすることができるのに、どうして一枚二ドルにも満たないレコードを販売しなければならないか理解しえなかったのである。

その点、若い世代のコメディアンたちはレコードがプロモーションの手段になることを十分に知っていた。うだつのあがらない、ナイト・クラブのオープナーだった彼らは一枚のアルバムによって、そのキャリアをカーネギーホールにまで高めることができるという夢を心の芯から信じることができたのだ。

そしてこうしたアルバムの量産は、スタンダップコメディの裾野を単純に拡大させただけでなく、ファンに対してそれまでの時代とは別の方法での受容を促すことに繋がった。クラブから遠く離れた地域に住むファンもが、ライブの音源を聴きながら、会場の雰囲気を感じ取ることを可能にしたし、いつでも何度でも繰り返し聴くことが可能になったため、コメディを深掘りする「マニア」が生まれたのだ。

こうした流れはロックの発展にも近いものがあると考える。アメリカ音楽史研究家のイライジャ・ワルドは二〇〇九年に出版した著書『How The Beatles Destroyed Rock 'n' Roll（ハウ・ザ・ビートルズ・

デストロイド・ロックンロール）』の中で、元々はナイト・クラブに足を運び、その場に身を置いた上での、あくまでも踊るための音楽だったロックンロールが、LPでひとつの世界観を提示するコンセプト・アルバムが登場した六〇年代後半以降、家でじっくりと聴き込む対象、つまりロックへと変わり、より「高尚」な音楽へと変容していったと述べている。ビートルズが『サージェント・ペパーズ・ロンリーハーツ・クラブ・バンド』を世に送り出した一九六七年、レニー・ブルースは『Lenny Bruce In Concert（レニー・ブルース・イン・コンサート）』をスマッシュヒットさせ、ビル・コスビーは『Revenge（リヴェンジ）』をR&Bチャートにおいても二位にランクインさせている。

元々はナイト・クラブに行かなければ、享受することも、大勢の他の観客と一緒に笑い合うことも叶わなかったスタンダップコメディ。しかしこうしたレコードの登場は、クラブではなく、自らの部屋でひとり、じっくりと向き合い、味わいながら聴くという「新時代の」楽しみ方を生み出した。そしてこの新たな方法の受容が、スタンダップコメディに「文化的」な「アート」としての色合いを付与し、今日にいたるまでのパフォーマーの在り方に大きな影響を及ぼしている気がしてならない。

グリニッジ・ヴィレッジと殿堂入りコメディアンたち

サンフランシスコでは、一九五三年にモート・サールが「ハングリー・アイ」でデビューすると、五〇年代終盤にはアルバム・レコーディング・ブームが訪れた。シカゴでは一九五九年、のちに数多くのレジェンド・コメディアンを輩出するインプロ・グループ「セカンドシティ」が専用劇場をオープンさせる。

世界が激動の一九六〇年代に突入する中、国内各地でコメディシーンが高まりを見せていた。しかしそれでもこの時代、スタンダップコメディの中心地はニューヨーク、とりわけグリニッジ・ヴィレッジだった。

グリニッジ・ヴィレッジには、すでに一九世紀後半から多くの芸術家が移り住み、二〇世紀初頭には前衛的で先進的な「芸術家の天国」として認識される。一九五〇年代にビート・ジェネレーションが興隆すると、東部における中心地として注目を集め、アメリカ中から多くの若者が移り住んだ。ボヘミアンな街には多くのアートギャラリー、ジャズ・クラブ、フォーク・ライブ・ハウス、小劇場が集中し、連日多くのライブ・パフォーマンスがおこなわれた。

もちろんスタンダップだって例外ではない。カフェや、ダンス・スタジオ、レストラン、小さなバー。一九六〇年代のグリニッジ・ヴィレッジは、マイク一本あれば、どんな場所をもコメディのステージにしてしまうだけの活気で満ちていた。小さな会場はいつも多くの若いアーティストで賑わい、ときに朝まで、コメディアンたちが代わる代わる舞台に立った。そしてこの時代、この街のステージは常にチャンスに溢れていた。

多くの店が頻繁に「Hootenanny（フーテナニー）」と呼ばれるイベントを開催した。この言葉はもともとフォークの界隈で用いられていたが、誰もが舞台に上がって観客の前でパフォーマンスできるイベントのことで、現在の「オープン・マイク」に近い。当時はフォークやジャズに詩の朗読、さまざまなジャンルのパフォーマンスとともに、スタンダップコメディも披露された。

もちろん当時から、演者にギャラなど支払われなかったが、連日ナイト・クラブのブッカーや『エド・サリヴァン・ショー』『トゥナイト・ショー』のキャスティング担当が足を運び、新しい才能を発掘しようと目を光らせた。現在の感覚からすると、オープンマイクにブッカーが来ることなど想像できないが、シーン黎明期、ヴィレッジには確かに「本物」の才能がまるで磁石のように集まっていたのだろう。そしてコーヒーハウスのオープン・マイクのステージが明日のテレビ出演に直結していると、コメディアンの誰もが信じて止まなかった。実際、ヴィレッジ出身のコメディアンを見ればそれが誇張でないことは一目瞭然だ。

たとえばビル・コスビーは一九六二年にヴィレッジに移住すると、「ガスライト・カフェ」で出演しているところを見出され、翌年にはすでに『トゥナイト・ショー』で人気者になっていた。そして一九六四年、NBCで冠番組『I Spy（アイ・スパイ）』を持つと大スターへと駆け上がった。近年のセクハラ報道で晩節を汚したのは残念だが、残した功績は計り知れない。

もともと女優志望だったジョーン・リヴァース［写真2-9］も「デュプレックス」や「ビターエンド」で舞台に上がり、今よりも増して圧倒的に男性有利だった当時のコメディ界に女性として風穴を開けた。一九六五年には『トゥナイト・ショー』に初出演し、以後五〇年以上にわたり女性コメディアン初となる偉業をいくつも成し遂げる。

リチャード・プライヤーも「カフェ・ワ」での活躍が一九六五年の『エド・サリヴァン・ショー』へと結実した。イリノイ州からヴィレッジに移住してわずか一年後のことであった。

当時すでに『トゥナイト・ショー』の出演歴があったジョージ・カーリンも例外ではない。思うようなブレークを果たせず、飛躍のきっかけを虎視眈々と狙う若きカーリンが行き着いた先もまたヴィレッジだった。そして一九六五年、「カフェ・オー・ゴーゴー」での舞台を見出されNBCの『マーヴ・グリフィン・ショー』に出演すると、新時代の旗手としてシーンを牽引していく。

ニューヨーク州にある国立コメディセンターは、スタンダップコメディに大きな功績を残した者に贈る「殿堂入り」という栄誉を設け、初年度に当たる二〇二二年は四人のレジェンドを表彰した。ジョーン・リヴァース、リチャード・プライヤー、ジョージ・カーリン、ロビン・ウィリアムス。

写真2-9 女性コメディアンの草分け、ジョーン・リヴァース。あまり知られていないが、デーブ・スペクター氏は彼女のジョークを書くライターとしてキャリアをスタートさせている

このうち、ロビン・ウィリアムスは他のコメディアンに比べ一〇年以上年少で、一九七〇年代にサンフランシスコでデビューしたためヴィレッジの舞台を踏んでいないが、残りの先駆者たちの伝説は、カウンターカルチャーに湧く街の小さなコーヒーハウスからはじまった。

二〇二三年を生きる、夢を追いかけるスタンダップコメディアンのひとりとして、この時代のグリニッジ・ヴィレッジはきわめて魅力的に、そしてどこか羨ましくも映る。

コメディ・クラブの誕生

一九六三年、バド・フリードマンという男がニューヨークのヘルズキッチン地区に一軒のカフェをオープンした。もともと俳優活動をしていたフリードマンはかねてより、ブロードウェイの出演者がショーを終えた後、仲間とリラックスできる店を開きたいと思っていた。奥にはピアノとマイクを置いた簡易ステージを設け、彼らがいつでも「即興で」演奏できるようにとデザインされたこのカフェは、そのままシンプルに「インプロヴィゼーション・カフェ」と名付けられた。

店がオープンしてから一年が過ぎたある日のこと。デイヴ・アスターというコメディアンがやってきて、おもむろにマイクを握ると、舞台の上でスタンダップをはじめた。すると店の観客は大喜び。アスターは後日、コメディアン仲間を連れて戻ってきた。そしていつしかそこはニューヨークのコメディアンのたまり場となり、何時間にもわたって彼らが代わる代わる自慢のネタを披露するステージになった。評判はたちまちニューヨーク中を駆け巡り、メディアでも大きく取り上げられたほか、その「ショー」を見るため、多くの客が「インプロヴィゼーション・カフェ」へと足を運んだ。

フリーマンはビジネスの可能性を確信し、定期的にコメディのショーケースを主催することを決意する。最初は週に一回だったペースはしだいに二回、三回へと増えていき、ついには毎晩スタンダップコメディがおこなわれる「見本市」へと変貌を遂げた。

時は一九六六年、まさに常設のスタンダップコメディ専用劇場「コメディ・クラブ」の登場前夜だった。しかしこの時点では依然として、音楽のパフォーマンスもおこなわれておりコメディ専用の施設とは言い難かった。のちに「インプロヴィゼーション・カフェ」は「インプロヴ」と名前を変え、現在もっとも権威あるコメディ・クラブのひとつとして全国にその店を構えている。

いずれにせよあらためてインプロヴィゼーション・カフェの残した功績は大きい。何にも増してステージに立ちたいと切望していた当時のコメディアンたちにとって、この場所の存在がどれほどありがたいものであったかは私自身痛いほどにわかる。たった五分の持ち時間のために、ボルシチ・ベルトやマイアミにさえ出かけなければならなかった若手コメディアンたちは、マンハッタンに常設の表現の場を見つけたのだった。そこに行けば必ず、自分と同じ夢を見るコメディアン仲間と、自分の才能を見つけてくれるブッカー、そしてコメディを観にきた満員の観客がいる。それも毎日、毎晩だ。今では当たり前のようにさえ感じるこうした環境は、当時のこうしたコメディ熱の高まりの中での産物だった。

「インプロヴィゼーション・カフェ」の評判は遠く離れたロサンゼルスにまで伝わった。そしてジョニー・カーソンが『トゥナイト・ショー』とともにニューヨークを離れ、西海岸に移った一九七二年。

ついにその日は訪れた。

四月七日、ナイト・クラブ「チロズ」の跡地に、九九席を備えたスタンダップコメディ専用クラブ「コメディ・ストア」が誕生したのだ。

それはすなわち、スタンダップコメディアンがついに自分たちだけの「居場所」を獲得した瞬間だった。それまでヴォードヴィルの劇場にはじまり、映画館、ナイト・クラブ、ホテル、ジャズ・クラブ、カフェとあらゆる場所でステージに立った先人たち。コメディ・ストアという専用劇場の誕生をもって、アメリカにおけるスタンダップコメディのシーンは正式に産声をあげた。

それは、表現するコメディアン、ブッキングする業界人、そして享受する観客という「人」と、コメディ・クラブという「場所」が生まれることでようやくはじまった。

「コメディ・ストア」はすぐに成功を収め、それに続く形で一九〇七〇年代、各地でコメディ・クラブの開店ブームが起こった。ニューヨークでは「キャッチ・ア・ライジング・スター」が一九七二年に、ロサンゼルスも、一九七八年に「インプロヴ」が進出したり「ラフ・ファクトリー」がオープンするなど、現存するチェーンのクラブが次々に誕生したし、「コメディ・ストア」も一九七六年には四五〇席へと拡張した。ロサンゼルスのこの三件のクラブは二〇二三年現在も、コメディアンにとっての「夢の劇場」としてシーンを牽引し続けている。

ここで、コメディ・クラブという施設が、そもそも若手コメディアンの研鑽の場として誕生し、広まっていったという事実を今一度強調する必要がある。「Catch a rising star（次世代のスターを見つけよ）」

というクラブの名前からも推察がつくように、すでにテレビや映画で有名なコメディアンのショーを観るのはあくまでも大劇場や高級ホテルであり、まだ名をあげていない、言い換えればこれからの活きのいいスタンダップコメディアンの芸を楽しむための場所こそ、こうしたコメディ・クラブだったわけだ。

実際、「インプロヴ」や「コメディ・ストア」など多くのクラブが当初から「No Pay Policy（ノーギャラ・ポリシー）」を掲げ、コメディアンへの出演料は支払われなかった。

一九七九年三月、ついにコメディアンたちは「コメディ・ストア」を相手取り、労使交渉を起こした。当時レギュラー出演していたデイヴィッド・レターマンやジェイ・レノをはじめとする多くの若手コメディアンたちがクラブの前で、それまでの給料の支払いを求めピケを張った。現在でもそうであるように、多くの場合コメディアンはクラブと契約書を交わしておらず、労働組合も存在しないため、純然たる「ストライキ」とはみなされなかったが、この一件以降わずかながらではあるがギャラが支払われるようになったというわけだ。数日後、「コメディ・ストア」のオーナー、ミッツィ・ショアが発表した声明が興味深い。「クラブは若手コメディアンに対して出演という露出の機会を供給しており、それはすなわち、テレビなどにスカウトされる機会の提供でもあるのです」

これこそ、今日にいたるまでの伝統的なクラブの経営の理念でもあり、コメディアンとの関係性そのものを表しているように思えてならない。コメディアンたちはクラブの舞台に立ち続け、腕を磨き、誰かに見つけてもらう機会を待ち続けるのだ。そしてその舞台に立ったからといって、経済的な成功を得るわけではないという事実も、コメディアン自身が一番理解しているのである。

それでもコメディ・クラブは「夢」に直結するステージであることに異論はない。どこまでもシビアで、しかし愛に溢れたコメディ・クラブは私たちにとっての「聖地」であり「ホームグラウンド」でもある。

今からおよそ半世紀前、そんなコメディ・クラブという場所が誕生した。それほど昔の話ではない。

03

テレビからインターネットへ

スタンダップコメディの歴史Ⅱ

一九七二年に最初のコメディ・クラブが誕生して以来、今日にいたるまで多くのスタンダップコメディアンが「歴史」にその名を遺し、アメリカに笑いを届けてきた。当然ながらこの半世紀もの間、コメディは時代の変遷とともに少しずつ形を変え、そして多様化してきた。と同時に、コメディアンの活躍の場や成功までの道のり、目標となるステージ、そして作品そのものが今なお時事刻々と変わり続けている。

一九七二年以降のスタンダップの歴史を紐解くことは、アメリカのメディア史、そしてもっと言えば、アメリカの社会の歴史を考察することに繋がっていく。

一九七〇年代――検閲とＨＢＯの登場

検閲とスピーチ・クライム

「コメディ・ストア」のオープンによって、それまでナイト・クラブやジャズ・クラブでの公演にとどまっていたスタンダップコメディアンたちにようやく活躍の場が生まれた。そしてこれを機に、各地のコメディ・クラブでは、野心をたぎらせた多くの若い才能がまさに水を得た魚のように自身の作品を披露し、シーンはより一層の盛り上がりを見せていくわけだが、それでもこの時代、舞台上が「自由」な表現の場だったかというと疑問符が付く。

一九七二年、当時三五歳のジョージ・カーリンはミルウォーキーの公演で『Seven Words You Can Never Say On Television（テレビで決して言ってはいけない七つの言葉）』というビットを披露した。これは元々前年に発表したアルバムに収録されていたカーリンの「鉄板ネタ」で、具体的には「shit, piss, fuck, cunt, cocksucker, motherfucker, tits」の七つであった。こうした言葉が「卑語」とされタブーとなっている状況そのものを揶揄すべく、舞台上でしきりにこれらの言葉を大声で叫び、観衆もそれに熱狂したが、終演後カーリンはあえなく「disorderly conduct（治安紊乱《びんらん》の罪）」によって逮捕される（後にショーを見ていた警官の証言により釈放）。

カーリンは翌一九七三年に発表したアルバム『Occupation: Foole（オキュペーション：フール）』の中でも、この「七つの言葉」を発展させたジョーク「Filthy Words（不潔な言葉）」を披露しているが、この音源がノーカットでラジオ放送されると、一部のリスナーからアメリカ連邦通信委員会（FCC）に苦情が入った。ついにはFCCとラジオ局の親会社、パシフィコ社の間で裁判となり、最高裁まで持ち込まれることとなった。そして一九七八年、最高裁は「わいせつな言葉を含むラジオ放送を政府が禁止することができる」という判決を下したのだ。

ほかにも、一九七四年にはリチャード・プライヤーがリッチモンドにて「卑猥な発言」によって逮捕されるという事件が発生している。

このような舞台上を含むパブリックな場での発言による罪は「speech crimes（スピーチ・クライム）」と呼ばれ、それより前の時代にも多くのコメディアンが逮捕、拘束されてきた。カーリンが直接的な影響を受けたとされるレニー・ブルースも一九六〇年代、複数回に渡ってスピーチ・クライムで逮捕されたし、古くは一九二七年に女性コメディアン、メイ・ウェストが自身の出演する舞台が「若者の道徳を堕落させている」とされ、八日間に渡って収監されている。

六〇年代の公民権運動の高まりと、カウンター・カルチャーの波の中で表現の規制は徐々に緩和されていったものの、依然として多くの障壁があった時代であったことがうかがえる。

もちろんネットワークで放送されていたテレビ番組でも放送コードを遵守したネタが求められていたのだが、それでも一九七〇年代におけるコメディアンの最大の栄誉は、NBCの『トゥナイト・ショー』に出演することだった。司会のジョニー・カーソンに賞賛され、お墨付きを得ることで、まさに一夜にして人生が変わるのだ。『トゥナイト・ショー』のスカウトが常にクラブに足を運んでいた時代、彼らは日々舞台上で自慢のネタを披露したし、コメディ・クラブはそんなコメディアンたちの一番のオーディションの場だった。この時代、意外にも舞台上では、いつスカウトが見ていてもいいように、テレビ向きの「クリーンな」ネタが飛び交っていたという証言がある。それだけ、皆が目指す場はカーソンの待つバーバンクのスタジオだったというわけだ。

ケーブルテレビの登場

そんなカーソンがニューヨークからロサンゼルスにスタジオを移転し、ハリウッドに「コメディ・ストア」がオープンした一九七二年、ニューヨークでも後の時代のスタンダップコメディに大きな影響をあたえる革新的な出来事が起こった。ケーブルテレビ放送局、「Home Box Office（ＨＢＯ）」の開局だ。

一九七五年に通信衛星による有料の番組放送を開始したＨＢＯは、スポーツや映画といったコンテンツに加え、スタンダップコメディの製作にも乗り出す。

放送コードに縛られることなく、制約のない表現活動をおこなえるメディアとしてのケーブルテレビはコメディアンにとって意義深いものだったに違いない。そして一九七五年一二月三一日、ＨＢＯから初のコメディ・スペシャル、ロバート・クラインの『On Location（オン・ロケーション）』が放送された。ケーブルからはじめてコメディ・スペシャルがお茶の間へ届けられた瞬間である。

コメディ・スペシャル（以下「スペシャル」）とは、観客の入ったライブ公演の模様を放送する番組で、

写真3−1「哲学者」の異名を持つジョージ・カーリン。レニー・ブルース同様、日本のロック愛好家にもファンが多い。生前、心臓発作を3回経験した

通常三〇分から六〇分、ひとりのコメディアンのみのネタをほぼノーカットで映す。ネットワークの場合、ネタの持ち時間はせいぜい八分間だったため、一時間に渡ってしっかりとネタを届けられる点でも、表現者にとってはありがたいチャンスだった。

当時三三歳だったクラインは、すでに映画やネットワークへの出演経験もあったが、より放送コードの縛りの少ないケーブルという新しいメディアでその魅力を遺憾なく発揮し、この試み自体も『ニューヨーク・タイムズ』紙を含めたマスコミから高評価を得る。そしてＨＢＯはすぐさま、さらなるスペシャルの製作を決意することになる。

製作チームの柱として白羽の矢が立てられたのは、ジョージ・カーリンだった［写真3－1］。先述のようにテレビには少々攻めすぎたネタを得意としていたカーリンにとって、ケーブルという新しいメディアは恰好の活躍の場だったに違いない。コンテンツの指針を決定するアドバイザーとしての役職にとどまらず、自身も積極的にライブ公演をおこない、一九七六年に南カリフォルニア大学で収録されたスペシャルでは、あの日逮捕されるきっかけになった「七つの言葉」を声高に叫び、大団円を迎えている。それはまさに、テレビで言えないことを、テレビで言ってみせた瞬間でもあった。カーリン

は二〇〇八年にその生涯を閉じるまで、実に一六本ものスペシャルをＨＢＯとともに製作している。

ＨＢＯがスペシャルの製作を持ちかけたもうひとりがフレディ・プリンゼであった。カーソンに見出され、若くしてスター街道を歩みだしていたプリンゼだったが、六〇分間のネタ時間に戸惑いを見せ、「ショーケースの司会なら」という条件で出演を承諾した。こうしてはじまった『Freddie Prinze and Friends（フレディ・プリンゼ&フレンズ）』は、ハリウッドの「インプロヴ」で収録され、若手コメディアンのショーケースとして人気を博した。ある程度名の知れたコメディアンを司会に起用し、フレッシュな若手たちが一〇分程度ネタを見せるフォーマットはこの番組が先駆けと言える。ＨＢＯは上記の「スペシャル」に加え、こうした「著名司会者&若手ショーケース」という番組を、とりわけ若年層をターゲットに多数製作していくことになる。

このようなＨＢＯのコメディ番組は瞬く間に人気を呼び、ケーブルへの加入者増加に直結した。七〇年代後半におけるＨＢＯのキラー・コンテンツはまさにスタンダップコメディだった。

『サタデー・ナイト・ライブ』とネットワーク

一方、ネットワークでも伝説的なテレビ番組が誕生した。ＮＢＣが一九七五年に放送を開始し、二〇二三年現在も世界中で愛されている長寿番組『サタデー・ナイト・ライブ』だ。日本での知名度も高く、その影響は『オレたちひょうきん族』（一九八一年放送開始）など多くのコント番組にも見て取れる。

一九七〇年代初頭、NBCは月曜から金曜まで『トゥナイト・ショー』を生放送し、土曜の二三時半からは『The Best of Carson（ベスト・オブ・カーソン）』という、いわばその週の総集編を放送していた。しかし一九七四年、プライベートを優先させることを望んだ司会のカーソンが月曜日の生放送に出演しない意向を示したことで、月曜の夜に総集編が流されることになった。そのため、ぽっかりと空いた土曜深夜の放送枠を埋めるべく作られたのが『サタデー・ナイト・ライブ』だったわけだ。当時三〇歳だったローン・マイケルズがプロデューサーに起用され、若者むけに音楽とコメディを合わせた都会的な番組が企画された。キャストには風刺雑誌『ナショナル・ランプーン』のメンバーや、シカゴの即興劇団「セカンドシティ」のインプロヴァイザーが集められ、エッジの効いた若手コメディアンたちが生放送で刺激的なコントを繰り広げ、文字通り、大暴れした。彼らレギュラー陣は番組内で「The Not Ready For Prime Time Players（ゴールデンタイムにはまだ早いコメディアンたち）」と紹介され、そんな彼らを束ねる司会進行役を、経験豊富な週替わりの「ゲスト・ホスト」が務めるというフォーマットも、およそ半世紀まったく変わらずに続いている。

一九八〇年代以降、『サタデー・ナイト・ライブ』のレギュラー陣が次々にヒット映画に出演し、番組自体の人気も高まりを見せていくことから、「『サタデー・ナイト・ライブ』こそスタンダップコメディを世間に広めるきっかけとなった」という意見が、日本のメディア内で散見される。

たしかに、後の時代、エディ・マーフィーやアダム・サンドラーらスタンダップコメディアンがレギュラー陣として参入してくることになるが、一九七五年のオリジナルキャストたちは皆スケッチやインプロを専門におこなうコメディアンであったことは強調しておきたい。そして翻ってむしろ、ゲスト・ホストの多くが彼らより年長で実績も兼ね備えたスタンダップコメディアンだったことは示唆に富む。記念すべき第一回の放送ではジョージ・カーリンが、第五回はロバート・クライン、第六回は女性コメディアンのリリー・トムリン、そして第七回はリチャード・プライヤーがホストとして、それぞれ番組冒頭でネタを披露している。

つまりこのとき、スタンダップコメディアンの役割は、「名のある」司会者として、若いコメディアンをテレビの前の視聴者に紹介しつつ、ショーにメリハリと安定感をあたえ、自身も笑いを取りながら、コメディ番組として成立させることだった。中堅・ベテランのスタンダップコメディアンがこうした役割をまっとうし、若手がのびのびと自由にコントを繰り広げる様子が、ブラウン管を通して視聴者に可視化されることで、自ずとスタンダップコメディアンのホストとしての像も定着していった。レギュラー陣の映画進出と、番組の躍進の陰にこうしたスタンダップコメディアンの活躍があったことは重要に思えてならない。

初期の『サタデー・ナイト・ライブ』がどれほど直接的にスタンダップコメディ自体の認知度を上げたのかはいまだに議論の余地はあるが、お茶の間とコメディそのものの距離を大きく縮めた点では評価に値する。

ベトナム反戦運動に公民権運動が渦巻いた激動の六〇年代を経てなお結実することのなかったアメ

リカの自由と理想。中でも、その挫折がより鮮明に可視化されたのは「言論の自由」だったのかもしれない。アメリカ合衆国憲法第一条で定められた基本理念「The First Amendment（修正第一条、すなわち、表現の自由）」を標榜し、検閲という抑圧からの解放を目指す機運がスタンダップコメディをケーブルテレビでの「スペシャル」という新たな表現の場へと誘う一方で、ネットワークが今よりもはるかに大きな魅力と影響力を携えていた一九七〇年代。

攻撃性とクリーンさの狭間で、スタンダップコメディアンたちはそれぞれのスタイルを磨き上げていった。そして人気番組の登場によって、人びとにとってコメディはより身近なものに変容していく。空前のスタンダップコメディ・ブームはもうそこまで来ていた。

一九八〇年代——コメディ・ブーム到来

一九八〇年、日本ではフジテレビが『THE MANZAI』の放送を開始し、漫才ブームが勃興。八二年には吉本総合芸能学院（NSC）が大阪に開校し、ダウンタウンらがその一期生としてお笑いの世界に足を踏み入れている。また同年には『森田一義アワー 笑っていいとも！』も放送を開始した。

一方、アメリカのスタンダップコメディの歴史において、一九八〇年代をひとことで形容するならば、まさに「ブーム」の時代と言える。先述のケーブルを含めたテレビも影響し、全国でコメディ・

クラブの開店ラッシュが起こり、テレビをはじめ多くのメディアにスタンダップコメディアンが進出し、文字通り、繁栄を迎えた時代だ。

クラブのオープンによって、コメディへのアクセスがより容易になり、ライブ体験が人びとの日常とより密接になったばかりか、多くの若者にとってもコメディアンという職業がロマンと憧れに満ちて見えた時代であったに違いない。

一九八六年時のデータにはなるが、『ニューヨーク・タイムズ』紙によると、一年間に実にのべ一〇〇万人以上のアメリカ人がライブ・コメディを鑑賞し、業界全体で見るとチケットやドリンクを含め、五億ドルを超える売り上げがあったという。

コメディ・クラブの全国展開

一九八〇年代初頭、コメディの需要の高まりとともに、ナイト・クラブや映画館、ジャズ・クラブにキャバレー、そして七〇年代に一世を風靡したディスコでさえ、それまでの時代に営業していた娯楽施設の多くがコメディ・クラブとしての営業に切り替える決断を下している。まさにスタンダップコメディが人びとの娯楽の中心へと取って代わる時期だった。そして、各地で次々にクラブが作られても、そのステージを埋めうる腕利きのコメディアンが十分に存在する層の厚いシーンがすでに完成していた。

この時代各地に誕生したクラブが現在まで営業を続けている事例は枚挙にいとまがなく、今なお「老舗」と呼ばれるクラブはこの時代にオープンしたものが多い。筆者自身パフォーマンスをしたことのある「ゼイニーズ」(シカゴ)や「ボンカーズ」(ミルウォーキー)、「コブズ」(サンフランシスコ)、「ファニーボーン」(ピッツバーグ)などのクラブでは、八〇年代以降に公演をおこなったレジェンド・コメディアンの額入りの写真が劇場内の壁に所狭しと飾られている。

そしてこうしたコメディ・クラブの全国展開は、それまであくまでも都市の芸能だったスタンダップコメディを地方にも伝播させた。レコードやテレビでしかコメディに触れられなかった人びとがライブでコメディを享受することで、マーケットとしても大きな成長を見せることになる。観客は、テレビでしか観られなかったスターの喋りを生で味わうべく、また明日のスターに出会うべくコメディ・クラブに足を運んだのだ。

このように、一連のブームが、それまで陽の目を見ることのなかった地方の若手コメディアンの台頭の契機にもなったことも見逃せない。ビッグネームが地方のクラブでツアー公演する際、その前座を務める機会を得ることで、のちにツアーに同行したり、テレビにそのまま紹介されスター街道を歩んだ事例も少なくない。彼らの多くが自身の出身地に誇りを持ちながら、それらを積極的に打ち出して、言い換えれば、その地域のシーンを背負ってテレビに出演していったのである。今でも地方ごとにコメディの色合いや特徴が継承されているのはこうした先人たちの取り組みの結果なのだろう。

いずれにせよ、地方にいても、そのステージがロスやニューヨークのテレビのスタジオに直結しているかもしれないと、コメディアンはもちろん、観客の誰もが思える場所が八〇年代のコメディ・クラブだった。

レイトショーの新時代

八〇年代のネットワークに話を移そう。もちろんこの時代も『トゥナイト・ショー』は依然として圧倒的な影響力を有しており、司会のジョニー・カーソンが業界における「巨人」として君臨していたが、自身が番組を休み、進行をゲスト・ホストに任せる機会が増えていた。

そんな中、一九七八年にスタジオで披露したネタがカーソンにハマり、以後頻繁にゲスト・ホストとして起用されるというまさに『トゥナイト・ショー』の絵に描いた成功例を歩んだのがデイヴィッド・レターマンだった。抑えたトーンながら皮肉の効いた物言いで、幅広い世代の支持を得たレターマンはその人気を着実に伸ばし、カーソンの「秘蔵っ子」というイメージを定着させていく。そしてついに一九八二年、ＮＢＣは『トゥナイト・ショー』の後の深夜〇時半からの一時間をレターマンに任せる決断を下す。『Late Night with David Letterman（レイトナイト・ウィズ・デイヴィッド・レターマン）』のはじまりだ。多くのコメディ・ファンは、日付が変わってもベッドに入ることなく、カーソンよりエッジの効いたレターマンに刮目した。

そしてカーソン同様、レターマンのレイトショーにも若手コメディアンが積極的に呼ばれ、八分間のネタを披露した。そもそもが遅い時間帯というだけあり、より刺激的で、より若者向けのネタがアメリカ中に届けられた。そして『トゥナイト・ショー』を経由せずとも、レイトショーへの出演を契機に全国的な知名度を獲得するコメディアンが出現する中で、いつしか多くのコメディアンにとってはこのレイトショーがより魅力溢れるステージへと変わっていく。両者の力関係は八〇年代を通してゆっくりと逆転していくことになる。

レターマンは九〇年代、NBCとの騒動でCBSへと電撃移籍するが、そこでもレイトショーの司会を二〇一五年まで、実に三〇年以上にわたって続けた。そして後を受けたスティーヴン・コルベアが今なお若手の全国デビューのホストとしてその役目を引き継いでいる。

メディアへの展開と繁栄

七〇年代に登場したケーブルテレビは、八〇年代に入っても依然好調を維持し、HBOではスペシャルが次々に製作され、その契約者数を伸ばしていった。一九八五年には一四六〇万人の契約者から八億ドルの売上高を得ている。

スペシャルは長年の舞台経験を誇るベテランにとってもブレークのきっかけとなった。たとえば一九四〇年代から地道に活動を続けてきたロドニー・デンジャーフィールドは六〇歳を超えた八〇年代にHBOのスペシャルがヒットしたことにより、全国区の人気を獲得した。ボルシチベルト期からの熟練の話芸は長尺のスペシャルという舞台でついに花開いたのだった。

そんな遅咲きのデンジャーフィールドを司会に据えたHBOのショーケース『Young Comedians Special（ヤング・コメディアンズ・スペシャル）』シリーズからも後の時代を作る若い才能が誕生している。そのエキセントリックな芸風で一世を風靡したサム・キニソンもそのひとりだ。

HBOにとどまらず、この時代に登場した多くのケーブル局が若手スタンダップコメディアンをキャスティングしたネタ番組を製作している。音楽をメインに放送するMTVやVH1、ドキュメンタリーやアート番組を放送していたA&Eもがこぞってコメディ番組を放送した。ニューヨークやロサンゼルスのコメディ・クラブで録画したショーケースをそのまま流すので、さほど製作費もかからず、その上出演者の多くがテレビ出演経験もない若手だったことからギャラも安価で済んだため、局にとっても都合が良かったわけだ。そして何より、それだけ多くのコメディアンが出演してもなお、次々に才能溢れる新しい人材が現れてきた時代でもあった。

コメディのブームはついに他ジャンルのテレビ番組にまで進出する。人気音楽番組だった『American Bandstand（アメリカン・バンドスタンド）』や『Soul Train（ソウル・トレイン）』にまでスタンダップコメディアンをフィーチャーしたコーナーが登場したし、ニュース番組のワンコーナーの中でさえもネタが披露された。まさにテレビをつければ、いつでもどこでもスタンダップが放送されていた。

テレビだけではない。『ローリングストーン』誌や『GQ』誌『ハリウッドレポーター』誌をはじめとする多くの雑誌もコメディの特集を組んだほか、コメディ専門雑誌『コメディUSA』誌や『ラフトラック』誌が登場したのもこの時代だ。

そして一九八六年、コメディのマーケットの成長を人びとに印象付ける象徴的な番組がHBOで放送された。チャリティー番組『Comic Relief（コミック・リリーフ）』だ。もともと、コミック・リリーフ自体は一九八五年、前年のエチオピア飢饉救済の目的で、イギリスにて設立された慈善事業であるが、翌年にはアメリカ版が法人化され、とりわけホームレスの救済をミッションに当時のトップ・コメディアンであるロビン・ウィリアムズとウーピー・ゴールドバーグ、ビリー・クリスタルの三人を司会に据え番組が作られた。冒頭で発せられた、当時すでに大富豪として名を馳せていたドナルド・トランプを揶揄したジョークは今でも語り草となっている。この番組は以後毎年、中断を挟みながらも、二〇一〇年まで計一六回放送され五〇〇〇万ドル以上の寄付を集めることに成功している。また現在トップランナーとして活躍しているコメディアンの多くが影響を受けた番組にこの『コミック・リリーフ』をあげていることからもそのインパクトはうかがい知れる。たとえば現在もっとも成功を収めるコメディアンのひとり、ジョー・コイは過去のインタビューの中で、「一五歳でこれを観たときの衝撃は忘れられない」と語り、自身も財団を作り、社会貢献活動に従事している。では『コミック・リリーフ』はそれまでのHBOのショーとは何が違っていたのだろうか？

先述の通り、イギリスで発足したコミック・リリーフはそもそもエチオピア飢饉の支援のために著名コメディアンが集ったイベントだった。こうした流れは同様にエチオピア飢饉へのチャリティーを目的に前年にミュージシャンのボブ・ゲルドフが音頭を取り、ロック、ポップ界のスーパースターが集った「バンド・エイド」プロジェクトの流れを汲んでいることは明白である。こうしたイギリス、アイルランドからの音楽の波は翌年、アメリカにおける「USA For Africa」の結成に繋がり、マイケル・ジャクソンをはじめとしたオールスターによる楽曲《We Are The World》のリリースへと結びついた。

こうしたイギリス発大規模チャリティーのムーヴメントが、スタンダップコメディにも到来し、そして実際に多額の寄付が集まるということが、一九八六年のこの『コミック・リリーフ』によって実証されたのだった。それは同時に、コメディというシーンがいまやロックという巨大なエンターテインメントと肩を並べるほどの影響力を持っているということを人びとに強烈に印象付ける出来事だった。

そして、コメディのマーケットが確固たるものだと証明された八〇年代末、ついにコメディ専門のケーブルが誕生しようとしていた。それまでスポーツやアニメ、音楽に映画、子供向け番組まで各専門のケーブル局が存在していたのに、コメディ専門チャンネルが存在していなかったのはある種、市場の需要と供給の原則に反していたとも言える。

さっそく一九八九年一一月、HBOの親会社タイム・ワーナーが「Comedy Channel」を開局した。時をほぼ同じくしてMTV系列のヴァイアコムも一九九〇年四月に「Ha!」を開局。しかしこのどちらもが、当初の楽観視されていた期待通りの契約者を得ることは叶わなかった。そして両者が一九九一年に合併することで誕生したのが、今なお人気作品を製作し続けている「Comedy Central（コメディ・セントラル）」だった。

このように八〇年代のブームによって大きな成長を遂げたスタンダップコメディのマーケット。一九九〇年代に突入する頃、また新たな金字塔が生まれることになる。

一九九〇年二月、アンドリュー・ダイス・クレイがニューヨークの「マディソン・スクエア・ガーデン」でのソロ公演を二日連続ソールドアウトさせたのだ。それは、もはやスタンダップコメディアンは、ロックスターと同じ会場で人びとを熱狂させるだけの存在になったという証でもあった。それもたったマイク一本だけで。八〇年代のブームは、スタンダップコメディという芸能をこんなにも夢のあるものへと押し上げたのだった。

黒人コメディの歴史

本項では、ここまで敢えて触れてこなかったアフリカ系アメリカ人のコメディの歴史を参照していきたい。黒人と白人のパフォーマーが同じ舞台に立つことも、また客席に黒人と白人の両方が混ざり合うことも、現代を生きる私たちには何も不思議ではないだろう。私自身多くの地域で舞台に立ってきたが、二〇二三年現在、出演コメディアンの全員が白人だというショーは珍しい。多様性を重んじるシーン全体にあって、「POC（Person of Color、有色人種）」のコメディアンをラインナップに入れることはもはや必須となってきている。

また、おそらくわれわれの多くがエディ・マーフィーやクリス・ロック、デイヴ・シャペルなどの黒人コメディアンがメインストリームで活躍していることになんの疑問も覚えていないはずだ。それでもこうした人種間のクロスオーバーが起こったのは、さほど昔のことではない。

チトリン・サーキット

ヴォードヴィル期に、おもに黒人パフォーマーのための興行組織「Theater Owners Booking Association（劇場所有者出演契約協会）」通称T.O.B.A.が結成され、ブッキングやショーのプロモーションで大きな役割を担ったことは第2章で述べたが、そもそもこうしたT.O.B.A.のような組織が必要不可欠だった要因は、エンターテインメントの業界で、白人による黒人の搾取が横行していたからであり、そうした不平等は一九三〇年代に入っても解消されないままであった。こうした中で、ヴォードヴィルそのものの衰退とともに、T.O.B.A.自体も三〇年代後半には事実上崩壊の道を辿っている。

ヴォードヴィル衰退の後にコメディアンやミュージシャンが活躍の場として選んだ舞台はナイト・クラブであったが、この時代、依然社会には人種の隔絶（segregation）は色濃く残っていた。たとえばニューヨークにあった「コットンクラブ」では、パフォーマーのほとんどが黒人だったのに対し、観客は厳格に白人に限定されていた。そして人種差別が法的に認められていたこの時代、それを問題視する声も少なかった。

T．O．B．A．亡き後、黒人コミュニティからは新たに強力なリーダーシップを誇る興行組織の誕生が望まれていた。

そこに目をつけたのが、インディアナポリスに拠点を置く実業家のデンバー・ファーガソンだった。もともと、地元の黒人コミュニティで融資などをおこない人望のあったファーガソンは一九三〇年代後半、自身の開いたクラブに有力な黒人ミュージシャンたちを集め「黒人による黒人のための」ショーをプロデュースした。こうした試みは話題を呼び、インディアナポリスは一時黒人エンターテインメントの主要なシーンとなる。

ファーガソンは一九四一年、弟とともに「ファーガソン・ブラザーズ」というブッキング・エージェンシーを設立し、次々にツアーを企画していく。そして各地に点在していた劇場とも契約を交わし、黒人のためのショーをおこなう劇場は瞬く間に全国規模となった。

こうした「黒人による黒人のための」クラブや劇場の集まりは、「Chitlin' Circuit（チトリン・サーキット）」と呼ばれた。「chitlin」とは「腸」を意味する「chitterling」の黒人訛りで、ブラック・コミュニティのソウルフードである豚の臓物から名付けられた。ちょうどユダヤ系がボルシチという呼称を用いたのに準じていると思われる。

現在もニューヨークのハーレムに位置する「アポロ・シアター」や、T．O．B．A．時代から用いられていたシカゴの「リーガル・シアター」など、東海岸や南部、中西部などの多くのクラブや劇場がチトリン・サーキットに取り込まれ、そのステージ上ではスタンダップコメディが展開されていくことになる。ボルシチ・ベルト同様、チトリン・サーキットからは後の時代にメインストリームで活躍していく黒人コメディアンが多く誕生している。

黒人初のヘッドライナーとテレビスター

一九五五年、アラバマ州モンゴメリーで白人にバスの座席を譲らなかったとして黒人女性ローザ・パークスが逮捕された。この事件への抗議運動としてバス・ボイコットが起こり、公民権運動は全国的な広がりを見せたことは歴史的にもよく知られている。

こうした機運の中で、六〇年代はエンターテインメントの世界でも人種間不平等への抗議が進んだ時代だった。

六〇年、《バナナ・ボート》などの歌唱でも知られるハリー・ベラフォンテが黒人としてはじめてエミー賞を受賞し、六三年にはシドニー・ポワチエがアカデミー賞主演男優賞も受賞している。舞台で見てもそれ以前の時代から、演劇ではポール・ロブスンが活躍し、ジャズやリズム&ブルースにおいても多くのミュージシャンがすでに人種の壁を超えた活躍を見せていた。

しかし、ことスタンダップコメディにおいては、人種という壁はいまだに高い障壁として存在していた。五〇年代においては、ボルシチ・ベルトにも、ラス・ベガスのようなリゾートにも、黒人コメディアンがブッキングされることすらありえなかったし、六〇年代に入っても、彼らがチトリン・サ

写真3-2 黒人として初のヘッドライナー、ディック・グレゴリー。シカゴのコメディ・クラブのカクテルの名前にも「ディック・グレゴリー」が存在する。頼んでみたが、ほぼウォッカ……

ーキット以外の場所で、白人を差し置いてヘッドライナーを務めることなどなかった。ナイト・クラブで白人オーディエンスを前に、白人コメディアンの前座として出演する場合でも、風刺やエッジの効いたジョークを言おうものなら、凄まじいブーイングやヤジを食らい、ときにネタを強制終了されてしまうこともあったという。

しかし、一九六一年一月一三日、ついに時代が動く。シカゴのナイト・クラブ、プレイボーイ・クラブにて黒人コメディアンのディック・グレゴリー［写真3-2］がヘッドライナーを務めたのだ。この歴史的な夜、多くのメディアが駆けつけ、緊張感の漂う中でステージがおこなわれた。そしてグレゴリーは淡々と、彼の持ち味でもある冷静で落ち着いた語り口でジョークを放ち、白人のみの客席を爆笑の渦に巻き込んだ。すぐさま『タイム』誌や『ニューヨーク・タイムズ』紙、『ニューズウィーク』誌などの全国誌が好意的にこのニュースを伝えた。一九四七年に黒人として初のMLBデビューを果たした野球選手、ジャッキー・ロビンソンになぞらえる記事もあった。そして、その日のうちにグレゴリーの元には当時ジャック・パールが司会を務めていた『トゥナイト・ショー』から出演依頼が届いたという。グレゴリーは、ネタのあとにインタビューの時間を設けることを条件に出演を快諾し、同年三月にデビューを飾っている。もちろん黒人コメディアンとしては初の快挙だった。マーティン・ルーサー・キングが「I Have A Dream」の演説をおこなう二年半も前のことである。

そしてグレゴリーは六〇年代後半から、突如芸風を先鋭化させ、よりむき出しの言葉で社会への怒りを語るようになっていく。シカゴ市長選や大統領選にも出馬し、より活動家としての色合いを強めていったため、現在において彼の純粋なコメディアンとしての実績は見落とされがちだが、六〇年代初頭の活躍に心の底から勇気づけられた黒人コメディアンも少なくない。

テレビの世界でスターとなったフリップ・ウィルソンもそのひとりだ。チトリン・サーキットで腕を磨いたウィルソンは、のちにアポロ・シアターの常連となり、一九六五年念願の『トゥナイト・ショー』への出演を果たす。そこで披露したネタで視聴者とジョニー・カーソンのハートをがっちりと摑むと、『エド・サリヴァン・ショー』にも出演。その親しみやすいキャラクターでお茶の間に認識されるようになった。リリースしたアルバムも立て続けにヒットを重ねると、一九七〇年NBCは彼をメインに据えたコント番組『The Flip Wilson Show（フリップ・ウィルソン・ショー）』を製作する。各ジャンルの黒人系パフォーマーを多数キャスティングしたこの番組は国民的人気を博し、一九七二年の『タイム』誌をしてウィルソンは「黒人として初のテレビ・スーパースター」と称されたのであった。

「もっとも偉大なスタンダップコメディアンは誰か?」という質問をアメリカ人に投げかけた際、いつの時代においても必ずといっていいほど上位に名前があがるのがリチャード・プライヤーだろう〔写真3-3〕。実際、二〇二一年にコメディ・セントラルが発表した「一〇〇人のオールタイム・ベスト・スタンダップコメディアン」というランキングにおいても、並み居るレジェンドたちを抑え一位に選出されたのがリチャード・プライヤーだった。

一九六〇年代から四〇年以上にわたって数え切れないほどの功績を残したプライヤーだが、その中でもスペシャルを映画として公開した『Live In Concert(ライブ・イン・コンサート)』(一九七八)の衝撃は今なお語り継がれている。

ニューヨーク、グリニッジ・ヴィレッジのジャズ・クラブやコーヒーハウスからキャリアをスタートさせ、六〇年代にはテレビで活躍、七〇年代にはグラミー賞を三度受賞していたプライヤー。そして何より、七八年時点ですでに一〇本以上の映画への出演を果たしていた銀幕のスターでもあった。実際この年には三本の映画に出演が決まっていたプライヤーではあったが、それでもスタンダップコメディアンとして、自身のスペシャルを制作したいと切望していた。それも当時としては異例の、映画館での公開にこだわった。実は一九七一年に一度スペシャル映画を企画するも、志なかばで頓挫している過去があった。しかしそうした挫折にも負けず実績を積み重ね、押しも押されぬスター・コメディアンとなったこの機に満を持して、スペシャル映画の制作に乗り出す。

一九七八年、三本の映画撮影の合間を縫って、プライヤーは全国ツアーを敢行する。DCの「ケネディ・センター」からロスの「パンテージ・シアター」まで、全国の大規模な劇場をソールドアウトさせながらネタを研ぎ澄まし、ついに一二月ロングビーチの「テラス・シアター」にて三一〇〇人の満員の観客の前でネタを披露した。この模様をそのまま収めた映画『ライブ・イン・コンサート』は年内に封切られ、全国の映画館で上映。人種の壁を超え、多くのコメディ・ファンに好意的に受け入れられた。現在ネットフリックスが配信しており、現代のわれわれもその様子を観ることができるが、この作品を当時リアルタイムで、それも映画館の大スクリーンで観た人びとの衝撃は計り知れないものがあったに違いない。『ライブ・イン・コンサート』に多大なるインスピレーションを受けたと語るコメディアンは数え切れない。プライヤーの後を追いかける形で、八〇年代以降多くの黒人コメディアンがナショナル・スターへと登っていくことになる。

写真3-3 レジェンド、リチャード・プライヤー。「ラフ・ファクトリー」の入り口では彼の等身大の人形が迎えてくれるが、178cmと意外にも大きくはない。存在感ゆえにもっと大きいと想像していた

その最たる例こそ、日本でも映画スターとしてよく知られるエディ・マーフィーだ。一〇代の頃に聴いたプライヤーのレコード

写真3–4　イケイケドンドンのエディ・マーフィー。日本では革のスタジャンのイメージだが、アメリカのハロウィンではいまだにこのオレンジのレザー・コスプレがチラホラ見られる

に衝撃を受けコメディアンを目指したと語るマーフィーだが、ティーンにして地元ニューヨークのクラブに立ちはじめるとすぐに頭角を表す。名門クラブ、「コメディ・ストリップ」にレギュラー出演していると『サタデー・ナイト・ライブ』のキャストに選ばれ、すぐに全国的な知名度と人気を獲得する。『トゥナイト・ショー』にも出演を果たすなど、まさにトントン拍子でスター街道を駆け上がった。

なお、スタンダップコメディアンとしても精力的に活動し、二一歳でリリースしたアルバム『Eddi Murphy（エディ・マーフィー）』はゴールド認定に加えグラミー賞にもノミネートされている。

そして一九八三年、ＨＢＯが製作する『Delirious（デリリアス、邦題『エディー・マフィーライブ・ライブ・ライブ』）』［写真3－4］が放送された。当時、すでにアイドル的人気を誇っていたエディ・マーフィー。登場しただけで、カメラが揺れてしまうほどに会場が熱狂しているのがわかる。そして、ネットワークのテレビで見せるパフォーマンスとは異なり、七〇分間の舞台で実に二三〇回の「fuck」と、一七一回の「shit」を言い放つまさにやりたい放題で、賛否は分かれたが、今なお伝説のライブとして語り継がれている。

この翌年、主演映画『ビバリーヒルズ・コップ』が大ヒットすると、ご存知のようにさらなる世界的な大スターへと躍進を続けていったマーフィーだが、それでも一九八七年にスタンダップコメディのスペシャル映画『Raw（邦題『ロウ』）』を発表している。映画という形態での公開という決断も、自身の尊敬するリチャード・プライヤーからの影響を感じずにはいられない（実際、オープニングの短いコントにはプライヤーが友情出演している）。

自らの望むと望まざるとにかかわらず、映画の中では人種問題に言及することを極力避け、喜劇の魅力を前面に押し出し、「アクター」としての役割をまっとうしたマーフィー。舞台の上にひとりで立つ彼のペルソナは映画の中のそれとは大きく異なって見える。自身の黒人性を軸に、アメリカ社会の中で彼自身がひとりの人間として抱える鬱憤をまさにマシンガンのようにまくし立てた。それは「粗野」や「下品」という批評によって片付けることのできないほど、彼の内面に充満していたエネルギーの表出であり叫びのようにさえ感じられる。

八七年の『ロウ』以来、スタンダップコメディアンとしては目立った活動のないマーフィーだが、近年もう一度マイクを握る計画をしばしばメディアで発しており、彼の「原点」であるスタンダップのステージに戻る日もそう遠くはないと感じるのは私だけではないはずだ。

リチャード・プライヤーから引き継がれたエディ・マーフィーの黒人スタンダップコメディアンとしてのレガシーは当然ながら、次の世代のコメディアンたちにも大きな影響をあたえている。

マーフィーの『デリリアス』がリリースされた直後の一九八四年、ニューヨークのクラブ、「キャッチ・ア・ライジング・スター」では、クリス・ロックが最初のステージを踏み、それから三年後の一九八七年、HBOが製作した黒人コメディアンをフィーチャーした『Uptown Comedy Express（アップタウン・コメディ・エクスプレス）』にて、鮮烈な全国デビューを果たしている。

T.O.B.A.にはじまる黒人パフォーマーの系譜は、チトリン・サーキットという黒人のためのショーを経て、六〇年代以降ようやく白人オーディエンスに向けて展開されることで人種の壁を超えた「クロスオーバー」とみなされた。メインストリームで活躍するコメディアンの登場によって、しだいに黒人コメディアン全体の地位も向上を見せるが、それでも八〇年代の時点で、業界内の伝統的な人種間不平等や、構造的な搾取が根絶されていたかといえば大いに疑問が残る。

二〇二三年の今なお、多くのPOCコメディアンが、本当の意味での人種的平等の実現のために戦っている。

一九九〇年代——オルタナティヴ・コメディの時代

ブームと狂騒の八〇年代を経て、時代が九〇年代に突入してもなお、おそらく当時のコメディ・ファンは、シーンのさらなる発展を信じて止まなかった。

現に一九九〇年、アンドリュー・ダイス・クレイは「マディソン・スクエア・ガーデン」公演を完売させたし、前年に放送開始したスタンダップコメディアンを描くシットコム『Seinfeld（邦題『となりのサインフェルド』）』も空前の大ヒットを飛ばしていた。

しかし、このときすでにブームの終焉は足音を立てて着実に忍び寄っていた。

ブームの終焉とオルタナティヴ

一九九二年、コメディ界に激震が走る。六〇年代からシーンの象徴として君臨してきたニューヨークのコメディ・クラブ「インプロヴ」が経営不振により閉店したのだ。ロサンゼルスをはじめ、全国展開した他店舗は営業を続けたが、創業者であるバド・フリードマンが「インプロヴィゼーション・カフェ」時代から守り抜いてきたマンハッタン本店のステージはその歴史に幕を閉じた。

そして翌年、同じくニューヨークで一九七二年のオープン以来、まさに数々のスターを生み出した「キャッチ・ア・ライジング・スター」も閉店を余儀なくされた。ニューヨーク株式市場に上場した初のコメディ・クラブであり、その経営基盤は盤石と思われていただけに、閉店の一報は大きな衝撃を持って受け止められた。

実は業界全体で見ると、一九九一年までに数多くのクラブが経営難による閉業に追い込まれていたが、上記のようなビッグネームの閉店は業界全体の問題をあらためて浮き彫りにした。

その要因として当時考えられていたのが、家賃の高騰と客離れであった。ブーム時に多くのクラブが続々とオープンしたこともあり、すでに飽和状態の中、観客はチケット代の高騰などを理由にしだいにクラブと距離を置くようになっていた。また、テレビではネタ番組が毎日放送され、わざわざ足を運ばなくともコメディを享受できるようになったことも遠因であろう。

いずれにせよ、もはや当たり前のようになっていたステージが急速にその数を減少させた九〇年代初頭の状況は、当時のコメディアンに一抹の不安と、ある種の危機感を覚えさせたに違いない。そしてこうした危機感がこの時代、新しい趣のコメディを生み出していくことになる。それらは「Alternative Comedy（オルタナティヴ・コメディ）」と呼ばれた。

そもそも、この「オルタナティヴ・コメディ」という用語は一九七〇年代終盤にイギリスで使われはじめ、人種ジョークを含むより攻撃的で先鋭的なネタを特徴とするシーンを指していたが、アメリカにおける「オルタナティヴ・コメディ」は、イギリスのそれとは少々異なるジャンルを意味する場合が多い。

この「オルタナティヴ」という語自体は「～に変わるもの」や「代替の」という意味の形容詞であり、音楽の世界では「オルタナティヴ・ロック」などのようなジャンルが存在してきた。この場合、「とりわけ八〇年代以降、カレッジラジオやアンダーグラウンドのシーンを中心に受容された非商業主義的なロック」という文脈が強く、R.E.M.やソニック・ユースなどがその中心的な役割を担ってきた。

アメリカにおける「オルタナティヴ・コメディ」という際の用法はこの「オルタナティヴ」の使い

方に近い。つまり「メインストリームに替わるジャンルのコメディ」という意味であり「アングラ」というニュアンスも内包している。具体的にいうと、コメディ・クラブやテレビでおこなわれる「メインの」シーンのスタンダップとは異なるユニークな趣向のショーで、会場もたとえば本屋やバー、レストラン、ときに主催者の家の裏庭などのように非常に実験的な場所が選ばれた。観客は、テレビやクラブでは感じることのできない、それぞれのショー特有の空気を味わうべく積極的に通い、その魅力はおもに口コミを中心に広まりを見せた。その結果、いくつかのショーはカルト的な人気を誇り、いつしか会場は情熱に溢れたコアなファンで埋め尽くされ、クラブでのショーをはるかに凌ぐ興奮で支配されていた。

たとえば一九八八年にロサンゼルスのルナパークで女性コメディアン、ベス・ラピデスが立ちあげたイベント『UnCabaret（アン・キャバレー）』では、出演するコメディアンは演技することを禁じられ、自身の経験に基づくストーリーを話すことがルールとして設けられていた。オチを必ずしも重視せず、ストーリーを展開してく中で、ありのままの自分として話をする姿勢がコメディアンに求められたのである。その結果として、それまでの「ジョーク」を基本にしたネタ作りから、自らのより個人的な経験や、感情をそのまま吐露する内容のコンテンツがこのショーの主流となっていく。ときに自身のメンタルヘルスやドラッグとの戦い、また過去に犯した過ちなどでも観客に暴露しながらネタを構築するスタイルは、当時「confessional（告白的、懺悔室で罪を告白する際にも用いられる）」と評された。現代のスタンダップコメディにおいてもっとも一般的になっているこうした表現方法は、この時代のオルタナティヴな現場で育まれたものだった。ちなみに、九七年にはコメディ・セントラルが『アン・キャバレー』を買い取り、ケーブルにてテレビ放送されている。

ニューヨークでは一九九六年に『Eating It（イーティング・イット）』がはじまった。ローワー・イーストサイドのバーである「ルナ・ラウンジ」のこのショーには若き日のルイ・C・Kやサラ・シルヴァーマン、デイヴ・シャペルにマーク・マロンなど、二〇〇〇年代以降のシーンで大きな活躍を見せるコメディアンたちが揃って出演していた。九六年『ニューヨーク・タイムズ』紙は、多くのコメディ・クラブを差し置いて、この『イーティング・イット』に「ニューヨークで最高のコメディ・ショー」という称号をあたえている。

シカゴでは「リンカーン・ロッジ」などのコメディ・クラブでコメディアン自身が主催するさまざまなインディ・ショーが展開され、中西部におけるオルタナティヴ・コメディの拠点としての役割を担った。「リンカーン・ロッジ」は二〇二三年現在も、若手コメディアンによるインディ・ショーの聖地として地元ファンに愛されており、ハンニバル・バーエスやT・J・ミラーなど九〇年代にここから巣立った大物がシカゴに里帰りする際にお忍びで飛び入り参加することも少なくない。

そしてシカゴと言えば、全米のオルタナティヴ・コメディ・シーンに大きな影響をあたえたグループが誕生したことでも知られている。「Upright Citizens Brigade（アップライト・シチズンズ・ブリゲード、以下UCB）」だ。インプロに定評のある「i O シアター」の卒業生であったエイミー・ポーラーらが一九九〇年に結成したUCBは、インプロとスケッチを中心とするヴァラエティ・ショーを定期開催し地元シカゴで人気を博すが、これらのショーにもスタンダップコメディアンが積極的に出演した。一九九六年にニューヨークに進出すると、専用劇場も構え、オルタナティヴ・シーンの中心地として認識されるようになる。のちにロスにも展開し、二〇〇〇年代以降はテレビや映画に多くのキャストを供給し、その名をエンタメ界全体に轟かせた。UCBの全国展開は、オルタナティヴ・コメディの成功を人びとに強く印象付け、現在にいたるまでそのDNAを映画、テレビ、そしてスタンダップコメディ界に色濃く遺している。

音楽に話を戻せば、八〇年代以降、オルタナティヴ・ロックの担い手は、非商業主義的であることが、むしろ商業的価値を帯びるという皮肉なブレークを経験する。ご存知のようにR.E.M.もソニック・ユースも世界的なバンドへと成長し、非常に大きな商業的成功を収めている。コメディにおいても、九〇年代の「オルタナティヴ」なシーンは、当初の裏庭やバーでの公演という非商業的なスタートから、ケーブルへの展開、映画への進出など、きわめて商業的な道筋をたどっている点でロックと類似している。

そして、いつの時代においても、またどんなジャンルにおいても「メインストリームではない」ものを欲すマニアックなファンたちはこうした「売れすぎた」ジャンルからはそっと離れていくのが世の習いなのかもしれない。

シットコム黄金期と映画スター

一九九四年、ひとりのスタンダップコメディアンがその年ハリウッドでもっとも稼いだ「俳優」となった。三二歳のジム・キャリーだ［写真3－5］。その年に公開された『エース・ベンチュラ』『ジム・キャリーはMr.ダマー』『マスク』と立て続けにコメディ映画に主演し、そのどれもが大ヒットを記録するという快進撃がその理由だ。

余談ではあるが、九二年生まれの筆者が最初に観たアメリカのコメディ映画こそ、ジム・キャリーのこれらの初期作品だった。子供ながらに、顔や体をまるでゴムまりのように自由自在に動かすジム・キャリーのおもしろさに心を奪われ、以来今でも彼の大ファンだ。私のように、彼に魅了され、そして心の底から笑った映画ファンは世界中にいることだろう。

そんなジム・キャリーも第1章で述べたように、最初はロサンゼルスの「コメディ・ストア」のドアマンだった。そこから『トゥナイト・ショー』に出演し、得意のモノマネでカーソンを唸らせスター街道を歩んだ点では、そのキャリアの積み重ね方はそれまでの時代のスタンダップコメディアンと重なる。しかしキャリーにとっての大きな転機となったのは九〇年にFOXが放送を開始したスケッチ番組「In Living Color（イン・リヴィング・カラー）」への出演だろう。もともとこの番組は黒人コメディアンのキーネン・アイヴォリー・ワイアンズの発案から生まれ、キャリーをのぞいたキャストも、スタジオの観客も含めたほとんどが黒人というショーだった。その中にあって、ある種「異質」な存在として登場してくる破天荒なキャラリーのキャラクターはすぐに視聴者の目を引き、業界内でも「人種の垣根を超えたコメディアン」というお墨付きを得ることになる。こうして、黒人マーケットを目論んだ番組から登場した白人コメディアンは、オルタナティヴ・コメディ全盛期の九〇年代、瞬く間に全国的な人気を獲得するハリウッド・スターへと階段を駆け上がったのである。

写真3–5 おそらく日本でもっとも有名なカナダ人、ジム・キャリー。おそらく私が人生で一番観た映画は『エース・ベンチュラ』(1994)。スタンダップコメディに戻ってきてくれないだろうか……

そして九九年、ジム・キャリーはオルタナティヴ・コメディの祖とも言われるアンディ・カウフマンの伝記映画『マン・オン・ザ・ムーン』でゴールデングローブ主演男優賞を手にしている。本作のタイトルの参照元であり主題歌でもあるのがオルタナティヴ・ロックバンドR.E.M.の楽曲《マン・オン・ザ・ムーン》(一九九二)だった。

九〇年代に登場したもうひとりのスタンダップコメディ出身の映画スターがアダム・サンドラーだ。マンハッタンのクラブで初舞台を踏み、すでに八八年には『ビル・コスビー・

ショー』に不定期出演し、順調にキャリアを積み重ねる。九一年からは『サタデー・ナイト・ライブ』のレギュラーとなり、さまざまなキャラクターに扮しながら人気コントを生み出していった。九五年に番組を退くと、映画界に進出し、今日にいたるまで『50回目のファーストキス』（二〇〇四）や『ウェディング・シンガー』（一九九八）など数々の大ヒット作品に主演したことはもはや説明の必要もあるまい。俳優としての輝かしい功績に比べ、サンドラーのスタンダップコメディアンとしての評価は分かれるところだが、いくつかの独創的なアルバムは当時から異彩を放っていた。

九〇年代、ベテラン・コメディアンのジェフ・フォックスワーシーはライブ公演の音源に後から編集を加え、カントリー調の音楽を挿入したアルバムをリリースした。するとその中の一曲《Redneck Stomp》が南部を中心にラジオでヘビーローテーションされ、アルバム自体も三〇〇万枚を超える予想外の大ヒットを記録する。このアルバムのヒットにどこまで影響を受けたのかは定かではないが、サンドラーは九六年、自身のスタンダップコメディ公演で、ギターを弾きながら《The Chanukah Song》を歌い、コメディ・アルバムとしてリリースした。こちらも大ヒットを記録し、ビルボードチャートを駆け上がったほか、プラチナ認定されている。こうしたスタンダップに音楽を取り入れたスタイルは、現在でもディミトリ・マーティンのようなオルタナティヴなコメディとして継承されている。

ジム・キャリーやアダム・サンドラーのようなコメディアンが全国区の人気を獲得したきっかけは、スタンダップそのものよりもむしろスケッチ番組だったことは強調しておく必要があるだろう。一九九〇年代は、スタンダップコメディアンをフィーチャーしたシットコムやスケッチ番組が数多く製作された時代だった。『となりのサインフェルド』や『Roseanne（ロザンヌ）』のヒットを受け、各局がスタンダップコメディアンをキャストに据えた番組作りを展開した。旧来の『サタデー・ナイト・ライブ』にとどまらず、『イン・リヴィング・カラー』や『MAD TV』などのスケッチ番組からも多くのコメディ俳優が誕生した。そして彼らの多くが、その後ロサンゼルスに拠点を置き、その活動の軸をスタンダップコメディの舞台からカメラの前の俳優業に置換させている。しかし、そんな彼らも晩年になって、再びマイクを握るという事例が多く見られるのは興味深い。サンドラーは近年積極的にスタンダップコメディのステージに出演し、定期的に全米を回るソロツアーをおこなっている。マイク、そしてギターとともにステージに立つその「オルタナティヴ」さは九〇年代と変わらない。

コメディ・セントラルの躍進

一九九一年に開局したコメディ専門のケーブルチャンネル「コメディ・セントラル」が若手の登竜門として果たした役割は大きい。

ネタ番組でいうと九七年にはじまった『Premium Blend（プレミアム・ブレンド）』が顕著であろう。ベテランのホストと若手コメディアン数人によるショーケースという構成は、HBOの七〇年代以降のフォーマットを踏襲しているが、二〇〇五年まで九シーズンにわたって続いたこの番組には、ミッチ・ヘッドバーグやディミトリ・マーティン、ガブリエル・イグレシアスにピート・ホームズなど次世代のスターコメディアンたちが多く出演した。
『プレミアム・ブレンド』の流れは二〇〇〇年代以降の『Comedy Central Presents（コメディ・セントラル・プレゼンツ）』や『Live At Gotham（ライブ・アット・ゴッサム）』へと引き継がれ、若手コメディアンのブレークのきっかけとして機能した。九二年のカーソン引退以後もネットワークのレイトショーへの出演は大きなクレジットたりえたが、制約の少ないケーブルでこそ真価を発揮できるコメディアンにとっては、コメディ・セントラルのステージが一番のアピールの場となったはずだ。

こうした一連のショーケース番組での一〇分のネタが人気を得ると、次にコメディ・セントラルの製作する三〇分のスペシャルへ出演。そして六〇分のスペシャルへとステップアップし、そこでも好評を博せば、最終的に自身が司会を務めたり、メインキャストとして出演する冠番組を製作することができる、という二〇〇〇年代以降のキャリア・ブーストの道筋が完成していくことになる。ダニエル・トッシュやエイミー・シューマーもまさにこうしたコメディ・セントラルのサクセス・ロードを歩んだ事例と呼べる。

ほかにもコメディ・セントラルは独自の企画の番組を次々に打ち出していく。アニメ作品にコメディアンが積極的に参入してくきっかけとなった九五年放送開始の『Dr. Katz Professional Therapist（ドクター・カッツ・プロフェッショナル・セラピスト）』や、コメディ・セントラル躍進のきっかけとなった九七年放送開始の大ヒット作品『Sotuh Park（サウス・パーク）』もネットワークでは到底放送できないエッジの効いた作品だった。

おもに政治を扱う番組もコメディ・セントラルの十八番となる。ビル・マーが司会を務めた『Politically Incorrect（ポリティカリー・インコレクト）』は人気を博し、のちにネットワークのABCに買い上げられている。『サタデー・ナイト・ライブ』の人気コーナーでコメディアンがニュースキャスターに扮し政治風刺をおこなう「ウィークエンド・アップデート」をそのままひとつの番組にしたような『ザ・デイリー・ショー』が放送を開始したのも九〇年代だ。二代目の司会、ジョン・スチュワートの皮肉の効いた語り口は多くのファンを獲得し、この番組に「レポーター」としてゲスト出演したスタンダップコメディアンたちも、人気と名声を獲得していくことになる。スチュワートの後を受けた南アフリカ出身のトレヴァー・ノアにもそのエッセンスは引き継がれたが、二〇二二年に惜しまれながら番組を卒業し、スタンダップコメディアンとしての活動に注力すると発表した。

現在第一線で活躍するスタンダップコメディアンたちの多くがコメディ・セントラルへの出演経験を有しており、二〇〇〇年代以降の公演ポスターには、一流コメディアンの証として「C」のクレジット・ロゴが必ずと言っていいほど印字されてきた。ここにネットフリックスの「N」が加わるまでの期間は、コメディ・セントラルがコメディアンにとってもっとも魅力溢れるプラットフォームだった一五年間と言うことができる。

ブラック・クラブとブラック・ショー

黒人とアメリカのコメディが歩んだ歴史については前項で紹介したが、ビル・コスビーやリチャード・プライヤー、エディ・マーフィーの系譜は後の世代にも脈々と受け継がれ九〇年代に大きなムーヴメントとして花開くことになる。

あえて社会状況を考察すれば、八〇年代中盤以降は、クラックと呼ばれる低品質のコカインが都市で蔓延し、とりわけブラック・コミュニティを中心に乱用者が相次いだ時代だ。ニューヨークのブロンクスでは七〇年代以降の不況が改善されず、犯罪率の増加した街はスラム化していくし、ロサンゼルスも八〇年代後半には南部のワッツ地区やコンプトンで失業率が約四五％にも達し、黒人の若年層においてはおよそ四〇％が貧困線を下回る生活を送っていた。

こうしたブラック・コミュニティでの不満が渦巻く時代において、その人気を拡大させ、メインストリームに浮上していく音楽ジャンルこそヒップホップであった。七〇年代後半にブロンクスで誕生したとされるヒップホップは、八〇年代後半にはすでに白人若年層にもクロスオーバーして受容され、MTVがヒップホップ専門番組『Yo! MTV Raps（YO! MTVラップス）』を放送開始するのは八八年のことだった。

西海岸ではN.W.A.がギャングスタ・ラップで旋風を巻き起こし、東海岸では政治性を全面に押し出し「ブラック・ナショナリズム」を唱えるパブリック・エネミーがシーンを席巻していた時代だ。

パブリック・エネミーはヒップホップとR&Bを専門に扱うレコードレーベル「デフ・ジャム」からデビューアルバムを一九八七年にリリースしている。その後、九〇年にリリースしたサード・アルバム『ブラック・プラネット』ではその攻撃性を増し、社会に対するブラック・コミュニティの怒りをより直球で代弁している。たとえば収録曲の《Fight The Power》では司法制度や政権に辛辣な言葉を投げかけ、黒人社会全体にそれら「パワー＝権力」に立ち向かうことを喚起する。この曲はスパイク・リーが監督を務め、白人の暴力によって抑圧される黒人の日常を描いた映画『ドゥ・ザ・ライト・シング』（一九八九）の主題歌に起用されたほか、二〇二〇年のブラック・ライヴズ・マター運動のアンセムにもなった。また、同じアルバムに収録されている《911 is a Joke》では、白人の居住区に比べて、黒人街で救急車の到着が遅いことに異を唱えており、その楽曲の中で、彼らが八三年のエディ・マーフィーの『デリリアス』のネタをサンプリングしていることは興味深い。

ヒップホップとスタンダップコメディ（とりわけ黒人コメディアンによるスタンダップコメディ）はこの時代、急速に距離を縮め、多くの番組が製作されることになる。

九〇年にスケッチ番組『イン・リヴィング・カラー』が製作されたことは先ほども触れたが、九二年には相次いで黒人コメディアンを中心に据えたスタンダップ番組が誕生している。九二年といえば、ロサンゼルスで黒人青年ロドニー・キングが警官に暴行され亡くなり、大規模なロス暴動に発展した年でもある。そしてこの年七月、東海岸のニューヨークにて後のシーンに大きな影響を及ぼす番組がHBOで放送開始された。『Def Comedy Jam（デフ・コメディ・ジャム）』だ。

すでにタイトルからも察しがつくように、音楽レーベル、デフ・ジャムの創始者、ラッセル・シモンズらの企画ではじまったこの番組は、当初から若手黒人コメディアンのブレークの場として捉えられていた。若かりし頃のクリス・ロックやスティーヴ・ハーヴェイ、バーニー・マックにD・L・ヒューリーなどが揃って出演すると、若者を中心にすぐに人気に火がつき、あっという間に当時のHBOのキラーコンテンツになった。イキのいいコメディアンたちが、むき出しの言葉で、ネットワークでは放送禁止になってしまう用語を連発しながら、すぐ目の前にいる観客にネタをぶつけ、観客もまるで怒号とも取れる爆笑で身体を目一杯使ってそれに応えた。そしてステージ横ではオチのタイミングでDJがスクラッチを決めるというこのショーは、それまでの時代のコメディとは一線を画すものだった。現に、六〇年代の公民権運動を経験する年長の黒人層の中にはこのショーに苦言を呈する者も一定数存在し「マザーファッカーなどの汚い言葉遣いが黒人の品位を貶めている」という批判も寄せられたという。

こうしたテレビ番組が海を渡り、アメリカ国外にあたえた影響も無視することはできない。先述のトレヴァー・ノアは母国の南アフリカで少年時代に「黒人」としてこの番組を視聴し、衝撃を受けたと語る。「言論の自由がない国の少年にとってこの番組はとにかく衝撃的だった。自由で黒人的でクレイジーだったよ。汚い言葉もたくさん使われていたけれど、言葉そのものより、使い方をここから学んだんだ」

ちなみに筆者が二〇一七年にケニアやウガンダ、ルワンダで公演した際にも、多くのショーではステージ上にDJを配置するなど、まさに『デフ・コメディ・ジャム』の形式が踏襲されていた。

コメディ・クラブに目を移しても、この時代多くの「ブラック・クラブ」がオープンしている。ブラック・クラブとは、出演するコメディアンも、観客も、そのほとんどが黒人であるクラブを指すが、こうしたクラブにヒスパニックやアジア系のコメディアンが出演を許可されステージを経験していったことが後の時代に重要な意味を持つことも強調しておきたい。

シカゴの「オール・ジョークス・アサイド」や、ニューヨーク・ハーレムの「アップタウン・コメディ・クラブ」、アトランタの「アップタウン・コメディ・キャバレー」などからは多くの才能が発掘され、前述の『デフ・コメディ・ジャム』や同年にケーブル局BETで放送開始された「Comic View（コミック・ビュー）」や「Uptown Comedy Club（アップタウン・コメディ・クラブ）」に出演していった。二〇二三年現在シカゴではブラック・クラブは閉店し残存していないものの、今なお黒人コミュニティであるサウスサイドではブラック・ショーが連日おこなわれ、その伝統は引き継がれている。

そして、二〇〇〇年、ブラック・ショー、ブラック・クラブから登場した四人のコメディアンが金字塔を打ち立てた。バーニー・マック、スティーヴ・ハーヴェイ、セドリック・ジ・エンターテイナー、D・L・ヒューリーの四人は「オリジナル・キングス・オブ・コメディ」を結成し、全米のアリーナツアーを敢行した。そしてその模様をスパイク・リーが同名の映画（邦題『キング・オブ・コメディ』）

にまとめると大ヒットを記録。ツアーのチケット収入だけでも三八〇〇万ドル、映画の興行収入は一億ドルを超えた。これはスタンダップコメディのライブ映画として、エディ・マーフィーの『ロウ』（一九八七年）に続く興行収入だった。

コメディ・クラブの閉店が相次ぐという「不況」の一方で、映画やテレビでのスターが数多く誕生した九〇年代。活躍の場がクラブだけでなく、カメラの前へと移ろう中で、より多くの人びとの耳目を集めることがさらなる「成功」と認識されていく時代でもあった。そして二〇〇〇年代に突入すると、インターネットの普及によってその「成功」はより一層柔軟に、いびつに、さまざまな形を帯びるようになる。

二〇〇〇年代――インターネットの時代

インターネット黎明期の一九九五年、当時七三歳の大御所スタンダップコメディアン、ロドニー・デンジャーフィールドは自身のウェブサイト「rodney.com」を開設した。コメディアンとして、世界初の個人ウェブサイトだと言われている。当時の『エンターテインメント・ウィークリー』誌は以下のように報じている。

ウェブ上には他の有名人のサイトこそあるものの、ロドニー・デンジャーフィールドのそれとは異なり、多くがおもにファンが投稿した記事を集めるか、大企業のサイトの一部として管理されているものである。この点で、七三歳のコメディアンはまさに新たな〝銀河系〟に登場した新星なのである。（一九九五年八月一一日号）

実際、ファンたちはこのサイト上で彼の今後のツアー日程を見たり、「今日のジョーク」の朗読を聞いたり、妻が経営する花屋への注文までできた。そして当時、業界で噂になっていたデンジャーフィールドと（アカデミー賞の主催としても知られる）映画芸術科学アカデミーの確執について、本人自らが恨みつらみをユーモア含みで語る文章も読むことができたのだ。

デンジャーフィールド自身も同誌のインタビューで、「これは素晴らしいコミュニケーション・ツールだと感じるよ。言いたいことを全部言えるし、個人的な情報を発信できるのはいいことだね」と答えている。

この一連の記事とインタビューからすでにこの後の時代のインターネットの爆発と、その有用性について予見することは容易なはずだ。

今からおよそ三〇年も前からすでに、コメディアンにとってインターネットはプロモーションの場であり、商品を直接ファンに届けることの場であり、またネタ卸しの場であり、そして自由な発言のできる「聖域」であったのだ。

ソーシャルメディアとコメディ——MySpace／Twitter／YouTube／Podcast

世界がミレニアムの到来に歓喜し、オリジナル・キングス・オブ・コメディが全国のアリーナを満員にしていた頃、デジタル化の波は着実にコメディ界にも訪れようとしていた。いまやコメディアンの活動に欠かせなくなっているソーシャルメディアも二〇〇〇年代初頭から人びとの間で普及していく。

しかしいくつかのダウンロード・サービスを経て、本格的にSNSが登場した際も、コメディアンの多くはその使用に及び腰であった。もしくは使い方そのものを模索していたことだろう。その意味で、最初期に「MySpace（マイスペース）」に参入したデイン・クックは稀有な存在だった。九〇年にデビューし、すでにコメディ・セントラルのスペシャルにも出演していたクックを「当時無名の」と評することは正確性に欠けるだろう。しかし当時、全国のアリーナを満杯にできるほどの人気と知名度を有していたとは言い難い彼を一躍国民的コメディアンに押し上げたのはまさにマイスペースだった。

二〇〇三年八月にサービスを開始したマイスペースは会員同士が「友だち」として、プロフィールや音声をシェアできるプラットフォームで、ローンチ後急速に会員数を伸ばしていた。それ以前にも、自身のポケットマネーを用いて個人ウェブサイトを最先端のデザインと機能に洗練させていたクックにとって、新しいメディアに参入することに抵抗感は少なかった。同年一二月にアカウントを作成すると、積極的に自身のコメディ作品をサービス上でシェアしていく。二〇一六年『ヴァラエティ』誌のインタビューで当時を振り返り、こう語っている。

多くのコメディアンはSNSにアップすることで、作品を盗まれるんじゃないかっていう脅威を感じていたけど、その点、僕は感じなかったね。ネタをネット上で共有することをためらったことはないんだ。（中略）そして何より、コメディアンは自分たちの作品をなんとか収益化しなきゃならないって思っていたんだ。（二〇一六年九月九日号）

こうしたクックの試みはすぐにコメディ・ファンにも広く受け入れられ、一〇〇万人を越す「友だち」を誇る一大プラットフォームが誕生した。そして収益化という点においても、ウェブサイトへ誘導することで、オフィシャルグッズやアルバムを販売するという成功を収めた。二〇〇五年に発売されたアルバム『Retaliation（リタリエーション）』はビルボードのコメディ・アルバム部門で全米一位を獲得したほか、一般チャートでも四位にランクインするという大ヒットを記録した。快進撃は止まらず、この年アリーナツアーを敢行したほか、HBOのスペシャルへの出演、『サタデー・ナイト・ライブ』でホスト、そして映画出演まで果たし、『ローリングストーン』誌の表紙を飾ってみせた。まさにSNS

の威力をコメディ界が強烈に実感した瞬間だった。

こうした前段を踏まえてか、二〇〇六年にTwitter（ツイッター）がサービスを開始した際には、より多くのコメディアンがアカウントを作成し、積極的にプロモーション・ツールとして使用した。自身の公演情報を記載したり、グッズの販売をおこなったりしたほかにも、リアルタイムで起きている出来事に対してのウィットに富んだツイート発信はコメディアンとしての実力をユーザーに示す機会となった。ツイッターが舞台よりも早くネタを試せるオンライン上の「オープンマイク」となったことは興味深い。二〇一七年に大統領に就任したドナルド・トランプはツイッターを積極的に用いたことで有名だが、それらのつぶやきに即座に反応したのもまたスタンダップコメディアンたちだった。二〇二二年にイーロン・マスクがツイッター社を買収した際にも、その方針に異を唱える多くのコメディアンがマスクを皮肉るツイートをおこなったことも記憶に新しい。

二〇〇五年にサービスを開始したYouTube（ユーチューブ）も今となってはコメディアンにとって非常に重要なツールであるが、その黎明期には、一般の人びとが自ら撮影したホームビデオなどをアップロードするプラットフォームとしての意味合いが強かった。ここで、アメリカ国内でその視聴者数を爆発的に伸ばしたきっかけが二〇〇五年一二月に起きた『サタデー・ナイト・ライブ』の違法アップロードだったことは示唆に富む。この点からも、当時すでにある程度のキャリアを持っていたコメディアンが自身の作品の流出を恐れ、ユーチューブに参入していくのをためらった点は理解できる。そうした状況で新しいメディアを積極的に活用したのは、やはり若いアマチュア・コメディアンだった。

二〇〇六年、まだあどけなさの残る少年が、自宅の寝室から《My Whole Family》と題された自作の歌をアップロードすると、数カ月のうちにユーチューブ上で一〇〇万回再生を記録した。彼こそいまや大人気コメディアンとして知られる一六歳のボー・バーナム［写真3－6］だった。ピアノの前に座り、家族から自分はゲイだと思われている、と自虐的に歌うコメディ・ソングで文字通り彼の人生は一変する。クラブ出演の経験すら持たなかった高校生は、きわめてDIY要素の強い最初のビデオのアップロードから約一年後には、史上最年少のコメディアンとしてコメディ・セントラルのスペシャルに出演していたのである。このあまりにセンセーショナルなキャリアアップは、バーナムの作品それ自体よりもはるかに大きな衝撃としてコメディ業界で受け入れられた。ネット上で人びとの支持を集めることは、それまで積み重ねた幾年ものコメディ・クラブの経験をいとも簡単に凌駕すると、コメディアン自身が気づかされたのである。そして「フォロワー」や「登録者」という目に見える数字こそが、アーティストのクレジットとしての意味を持つことを突きつけられた瞬間でもあった。時代の変化とともにInstagram（インスタグラム）やTikTok（ティックトック）が登場し、クラブのブッカーたち

写真3-6 2008年「インプロヴ」でステージに立つ19歳のボー・バーナム。19歳にしてあの舞台に立つなんて……私は19歳のとき、ただの予備校生でした……

も可視化された数字をより重視するようになることで、コメディアン自身もその増進に努めるようになる流れはすでに第1章で説明したが、二〇〇六年の一本のビデオが及ぼした影響は計り知れない。

もうひとつ言及する必要のある新しいテクノロジーがポッドキャストであろう。二〇〇五年六月にアップル社がiTunes（アイチューンズ）のバージョン4.9の中で、音声メディア「Podcast（ポッドキャスト）」を新機能として発表した。音楽再生プレーヤー「iPod」で聴くことのできる「Broadcast（放送）」という意味で名付けられたこのサービスにスタンダップコメディアンが参入してくるまでにそれほど時間は要さなかった。それ以前にも、成熟したアルバム文化を持っていたコメディ業界と音声メディアの結びつきは強く、むしろユーチューブなどにも増して一般的に受容されうるものだった。そして何より作り手からしても、カメラを回した上で動画編集などをする必要がない点で、非常に手軽に作ることのできるコンテンツだったと言える。実際、初期の多くの作品がコメディアンの自宅で撮られたものので、そのカジュアルさがラジオなどのように作り込んだ番組とは一線を画し、人気にも繋がった。

一方、草創期からコンセプトを明確に定め人気を定着させた番組も存在する。コメディアンのダグ・ベンソンが司会を務める『Doug Loves Movies（ダグ・ラブズ・ムービー）』だ。毎週ベンソンがさまざまなゲストを招いてお気に入りの映画について語るこの番組は、ロサンゼルスの「アップライト・シチズンズ・ブリゲード劇場」で観客を入れて公開収録された。この番組の成功を機に、コメディアンがあるテーマを決めて、それに沿って好き勝手に語るコンセプトの番組が数多く登場し、たとえば政治をはじめ、釣りやスポーツ、音楽や歴史など「趣味」を扱う番組が人気を博した。ニッチなジャンルでも、オタク文化を掘り下げる番組や、過去の完全犯罪の事件を紹介する番組などが一部のファンの間で人気番組となり、それらがそのまま舞台上でジョークとして転用されたという事例も存在する。

ポッドキャストではコメディアン同士がそれぞれの番組にゲストとして呼び合うことで、お互いのファン獲得に貢献していく姿勢が見られ、また「大物」の番組に若手が呼ばれることで、ブレークのきっかけとしたパターンも多いことは第一章で述べたとおりだ。

二〇一〇年代に入り、スポティファイやアップルがストリーミング・サービスを展開する中でポッドキャストの受容はさらに広がり、ジョー・ローガンのように非公式ながら一億ドルを超える超大型契約を結んだ例もある。そして近年では、コメディアン自身が複数の番組製作をおこなうポッドキャスト・ネットワークのオーナーとなり、今日にいたるまで「Nerdist」（クリス・ハードウィック）や「All Things Comedy」（ビル・バー、アル・マドリガル）、「Death Squad」（ブライアン・レッドバン）などの局が誕生している。

『ラスト・コミック・スタンディング』と『ルイ』

デジタル化の波の中で、もはや「オールド・スクール」となっていたネットワークのテレビも依然、コメディアンにとって大きな魅力を携えたメディアだった。

日本で第一回の『M－1グランプリ』がおこなわれてから二年後の二〇〇三年、NBCが放送を開始したスタンダップコメディのコンペティション番組『Last Comic Standing（ラスト・コミック・スタンディング）』からは多くのスターが生まれた。毎週、最下位のコメディアンが脱落してくというフォーマットはリアリティー・ショーとしての色合いも強く、九シーズンにわたる放送の中でスタンダップコメディ・ファン以外の層にもその受容を広げた点は評価に値する。

そもそもテレビ局は伝統的にタレント・コンペティションを主催し、自局の番組に出演する「未来のスター」を発掘し続けてきた。古くは一九三四年の『NBC's Original Amateur Hour（NBCオリジナル・アマチュア・アワー）』（NBC）にはじまり、『Arthur Godfrey's Talent Scout（アーサー・ゴッドフリーのタレント・スカウト）』（CBS、一九四六）そして『Star Search（スター・サーチ）』（Rysher TPEなど、一九八三）などがあげられる。

こうした一連の番組は「NBCの番組に出演できる」という副賞がアーティストにとって何よりも魅力的に感じられた時代においては、まさに夢に直結するコンペティションたりえた。二〇〇〇年代中盤において、すでにその意味合いは変容を見せていたが、それでも『ラスト・コミック・スタンディング』に出演したことを現在もクレジットとして用いるコメディアンは多数存在しており、業界内で一定以上の効力を発揮する実績であることは間違いない。

そして、二〇一〇年にはじまったルイ・C・K監督、脚本、主演によるドラマ『Louie（ルイ）』とその成功も意義深い。スタンダップコメディアンとして彼自身の日常を描くスタイルは後の時代の『Ramy（邦題『ラミー 自分探しの旅』）』（ラミー・ハッサン、二〇一九〜）や『Mo（邦題『モー』）』（モー・アマー、二〇二二〜）

にも大きな影響をあたえているし、作中に挿入される実際のライブシーンが撮影された「コメディ・セラー」や「キャロラインズ・オン・ブロードウェイ」といったニューヨークのクラブは二〇一〇年代以降、アメリカでもっとも権威のあるクラブとみなされていく（二〇二二年、キャロラインズは家賃高騰により閉店）。

しかし特筆すべきは、この番組の製作で確固たる人気を獲得したルイ・C・Kがおこなった二〇一一年のライブとその展開方法だ。ニューヨークの「ビーコン・シアター」でのソロショーの模様を収めた「スペシャル」を彼は自身のウェブサイト上で、五ドルで販売したのだった。オンライン送金サービス「ペイパル」を用いて、彼の個人アカウントに送金をおこなうとダウンロードが可能になる仕組みだった。結果的にこの『Live At Beacon Theatre（ライブ・アット・ビーコン・シアター）』は二〇万ダウンロードを記録し、ルイ・C・Kはあっという間に一〇〇万ドルを手にした。インターネットを駆使すれば、スペシャルさえも、ファンに直接売ることが可能になったことがコメディ界に知れ渡ったのである。

二〇〇〇年代のデジタル化の波はすなわちスタンダップコメディのＤＩＹ化到来を意味した。つまり、コメディアンにとって、巨大なメディアや有名クラブに出ることのみがブレークの突破口だった時代から、彼ら自身が製作者となり、自身の作品の権利を持ち、それを収益化していくことが可能になったのである。それらが人びとの注目を目に見える数字によって集めたとき、たとえ「新顔」であっても、メディアやクラブの側から出演依頼をしてくるという時代に突入していた。

二〇一〇年代――ネットフリックスの台頭

テクノロジーのさらなる発展に伴い、プラットフォームが多様化していく二〇一〇年代において、スタンダップコメディ界の勢力図を一気に変えた存在こそネットフリックスだった。

二〇二三年現在、世界中に約二億三〇〇〇万人の会員を誇るメディア・サービスにまで成長を遂げたネットフリックスだが、ご存知のように一九九七年の創業当初はVHSやDVDのレンタル事業を手がけていた。

二〇二三年に退任を発表した創設者のひとり、リース・ヘイスティングスは、レンタルビデオチェーンで借りたビデオの返却が遅れ、高い延滞料金を取られたことにヒントを得て、郵送によるレンタル・サービスを思いつく。一本四ドルのレンタル料に加え、二ドルの送料と手数料を払えば、店に足を運ばずとも、作品を借りて、そして返却することができるという仕組みはたちまち評判を呼んだ。一九九九年に一五ドルの「借り放題プラン」を発表すると、利用者はさらに増加し、二〇〇〇年の時点ですでに会員数は六〇〇〇万人を超えた。扱う作品のバリエーションも増していくと、二〇〇五年には四二〇万人にまで増加する。

このようにプラス成長を続けていた二〇〇七年、ネットフリックス社は突如自社サービスをレンタル事業から、ストリーミングへと根本的に転換するという決断を下す。ビデオ・オン・デマンド方式で、自宅のパソコンやゲーム機、インターネットテレビなどで観ることのできるこのサービスは、結果的に大きな成功を収め、二〇一四年の時点で会員数は五〇〇〇万人を突破し、アメリカ国内のストリーミング配信市場の三二・三%を占める浸透を見せたのだ。

二〇一三年にオリジナルのコンテンツ製作に乗り出したことも意義深い。潤沢な予算で作られるドラマや映画は、エミー賞からアカデミー賞にいたるまで、後に数々の主要な賞を獲得していくことでも知られている。二〇一六年以降にはグローバル展開を本格化させ、世界中に作品が届けられるようになったし、コロナ禍による「ステイホーム」で会員数を大きく伸ばしたことも記憶に新しい。

もちろん、スタンダップコメディの普及と発展という意味においてもネットフリックスが果たした役割は大きい。二〇一三年以降、数多くのスペシャルが製作され、日本にいながらにして、それらを手軽に、しかも日本語字幕付きで観ることが可能となっている。

実はネットフリックスは二〇〇四年の時点ですでにスタンダップコメディのオリジナルコンテンツを製作している。『Comedians of Comedy（コメディアンズ・オブ・コメディ）』と題されたその作品では、四人のコメディアンのツアーに密着し、その様子をネタとともにドキュメンタリー・タッチで描く。しかし特筆すべきは、会社が本格的にコンテンツ製作事業に乗り出した二〇一三年以後の動きであろう。

当時コンテンツ製作のチーフを担当していたのが現CEOのテッド・サランドスだった。一九六四年にアリゾナ州のフェニックスに生まれたサランドスは、幼少期からコメディ作品に親しみ、地元のコメディ・クラブに観客として足繁く通ったほか、レコード収集、ケーブルのスペシャル鑑賞が趣味のまさしく「コメディ・マニア」だった。大学を中退すると、レンタルビデオ屋でアルバイトをしているときに、ネットフリックス入社を決めたという。

そんなサランドスは二〇一三年当時、いまだに強大な影響力を有していたHBOやコメディ・セントラルといったケーブル、そして新たに市場に参入してきたアマゾン・プライムやフールーにコメディ市場で勝つ方法を模索していた。そして彼がとった行動こそ、相次ぐ「大物」との契約だった。HBOからクリス・ロックを引き抜き、デイヴ・シャペルにジェリー・サインフェルド、エレン・デジェネレスなど、錚々たる顔ぶれとそれぞれ一〇〇〇万ドル級の契約を結んだ。当然、彼らのスペシャルは大きな話題を呼び、「スタンダップコメディのネットフリックス」というイメージを以後定着させることになる。ケーブルを解約し、ネットフリックスに絞る利用者も増え、そうした行動を指す「コードカッティング」が社会現象にまでなった。

ネットフリックスは、大物コメディアンのスペシャルのみならず、『The Standups（ザ・スタンドアップ）』などのショーケース・スタイルのシリーズも製作し、若手コメディアンの世界的なブレークの足がかりとしての役割も担った。このショーケースから、数年後にスペシャルへと昇進を果たしたコメディアンも多い。

そして二〇一〇年代中盤以降、コメディアンにとって、もっとも意義深いクレジットはコメディ・セントラルへの出演からネットフリックスでのスペシャルへと完全に移り変わった。その理由には、膨大な登録者によるリーチの広さ、そして桁違いのバジェットによる金銭的なアドバンテージもあることだろう。いずれにせよ、ネットフリックスがグローバル展開されたプラットフォームであるがゆえに、必然的に国外の視聴者にも作品が届き、アメリカのコメディアンに英語圏へのワールドツアーの可能性を夢想させた。

ネットフリックスのこうしたグローバル展開されたスペシャルが、スタンダップコメディ文化の根付いていなかった国々にそのシーン興隆のきっかけをあたえる役割を果たした功績は大きい。多国語の字幕がつけられていたスペシャルは、たとえ英語を理解しえない国々にもリーチし、そうした国々で自国の言語によるスタンダップコメディのシーンが登場しはじめたのだ（もちろん、ほとんどの作品に日本語字幕も用意されている）。韓国や中国をはじめとしたアジア圏や東ヨーロッパ、そしてアフリカでも多くのスタンダップコメディ・ショーがローカルなレベルでおこなわれていることは見逃せない。英語を（準）公用語にするマレーシアでも、大御所コメディアン、ハリス・イスカンダーの『I Told You So（邦題『言わんこっちゃない』）』が二〇一八年にネットフリックスからリリースされ、アジアにおけるスタンダップコメディの受容を世界中に印象付けた。

ネットフリックスでのスペシャル出演はすなわち世界的スタンダップコメディアンであることを意味し、その出演経歴に「N」のロゴが付いていれば、全米ツアーを、それも街一番の大劇場でおこなうことができるのである。いまや、この「N」は二〇一〇年代以降におけるジョニー・カーソンのような存在となっている。


ネットフリックスという現代の巨大コメディ帝国の礎を築いたのが、テッド・サランドスというひとりの「コメディ・マニア」だったことは示唆に富む。

モート・サール以降のアルバム・ブームによって、作品をじっくりと家で聴き込むことが可能になった六〇年代。

ケーブルテレビの登場でエッジの効いた自由なスペシャルを家のリビングで観ることが叶うようになった七〇年代。

ブームによって、地方にもクラブがオープンし、アリゾナ州にいてもライブ公演を観ることが可能となった八〇年代。

そしてコメディアンが、ハリウッドでもっとも稼ぐ「俳優」となり、それらが「ビデオ」となることで世界中に伝播した九〇年代。

六四年生まれのサランドスがたどった人生は、アメリカのコメディの発展の歴史そのものと重なる。時代の移ろいの中で、シーンの成熟と発展が可能にしたスタンダップコメディの「楽しみ方」すべて経験してきた「マニア」が作り上げた現代のメディアこそ、ネットフリックスというグローバル展開された巨大なストリーミングサービスだった。

04

「笑い」を決めるのは誰か

スタンダップコメディの現在

二〇一六年一一月八日、ドナルド・トランプがヒラリー・クリントンを破り第四五代大統領に当選した。不動産業で巨万の富を築いた実業家にして、リアリティー・ショーのホストだったトランプは、「Make America Great Again（アメリカを再び偉大な国へ）」を合言葉にした選挙戦を展開し勝利を収めた。選挙直後多くのメディアが、中西部に広がる工業地帯「ラストベルト」に住む貧困白人層の票が勝負の分かれ目となった、と報じた。

翌々日に生放送された『サタデー・ナイト・ライブ』のオープニングでは、ヒラリーのモノマネで知られるコメディアン、ケイト・マッキノンがレナード・コーエンの名曲《ハレルヤ》をピアノで弾き語った。コメディ番組のオープニングとしては異例とも言える、重々しい雰囲気の中、まるで「悲しみ」を代弁するかのようなパフォーマンスだった。

そして、その日のホストとして登場したのが、長い沈黙を破り復活を遂げたスタンダップコメディアン、デイヴ・シャペルだった［写真4－1］。トランプ当選のニュースに動揺を隠しきれていないニューヨークの観客に向かって語りかけたシャペルは、一一分間にわたるモノローグをこう締めくくった。

「俺はドナルド・トランプの幸運を祈る。彼にチャンスをあたえたいと思っているんだ。そして、歴史的に多くの権利を奪われてきた〝俺たち〟も、そう感じてくれればと思うよ」

この「俺たち（we）」に込められているのが、同胞であるアフリカン・アメリカンであることは言うまでもない。それまでも黒人の立場から、鋭いジョークを発信し続けてきたシャペル。いまや、オピニオン・リーダーとしての役割さえまとっている彼の、どこか楽観的でありながら、示唆に富むこの発言は、当時テレビの前に座していた私の心にも深く残ることになった。そしてこれからの四年間の社会がどのように動いていくのかについて、コメディアンという立場から考えはじめた大きなきっかけでもあった。

写真4−1「GOAT」ことデイヴ・シャペル。奥さんがフィリピン系でフィリピンに帰る際、日本に立ち寄りサプライズ・ショーをすることもあるが、観客はほぼ日本に住む外国人だった

ご存知の通り、翌年の大統領就任以降、トランプ本人の排外主義的な主張は連日メディアを賑わし、それに対する批判が集まれば集まるほどに、むしろ熱狂的な支持者を集めていった。

いつにも増してアメリカの「Division（分断）」が可視化される時代になった。属性や意見、イデオロギーの異なる「他者」に対する攻撃が、暴力として表出し、やがて人びとにとっての脅威となった。一方で、差別に敏感な風潮が社会全体を支配し、目に見えない人びとの「正義」が大きな力として作用している時代でもある。

そして、二〇二〇年一一月におこなわれた大統領選では、ジョー・バイデンがトランプを敗り、当選を果たした。トランプが負けた日、私の住むシカゴや、ニューヨーク、ロサンゼルスなどの「都市部」では、道ゆく車がクラクションを祝砲のように鳴らし、行き交う人びとはハイタッチを交わすなど、まさにお祭り騒ぎとなった。そして、その晩『サタデー・ナイト・ライブ』でホストを務めたのはまたしてもデイヴ・シャペルだった。

バイデン当選に沸き立ち、まるでパーティーかのようなニューヨークの客席に向かって、四年前よりも長い一六分間のモノローグの中でこう語った。

「トランプは去った。今日は記念すべき、そして喜ばしい日だ。四年前は最悪の気分だったのに。でも忘れちゃいけないのは、今あなたたちがこうして拍手しているこのときだって、半分のアメリカ人は最悪の気分なんだ」

二〇二三年現在、アメリカは時々刻々と変わり続けている。人びとの暮らしや価値観、社会規範や仕組みまでもが、これまでの歴史が経験してこなかった目くるめくスピードで変容し続けている。そんな時代のコメディもまた、日々社会とともにその形を変えている。スタンダップコメディはいつの時代も社会を映し、それを切り取り、そして笑いに変えてきた。大げさに言えば、スタンダップコメディの「今」を知ることは、社会の「今」をみることなのかもしれない。本章では、コメディ界を取り巻く現状を紹介することで、アメリカを中心としたこの社会の「今」に迫りたいと思う。

ウォーク・カルチャーとキャンセル・カルチャーの時代

今、アメリカのメディアで「woke（ウォーク）」という言葉を目にしない日はない。

そもそも「woke」という言葉は、「wake（目覚める）」の黒人訛りに由来し、一九三〇年代にブラック・コミュニティの間で、人種差別に対し「目覚める」こと、すなわち「立ち向かう」ことを喚起する文脈で用いられたのがはじまりと言われている。活字としてメディアに登場するのは、公民権運動が盛り上がりを見せる一九六二年のことで、『ニューヨーク・タイムズ』誌に黒人作家、ウィリアム・メルヴィン・ケリーが寄せた「If You're Woke You Dig It（目覚めているなら、わかるはずだ）」と題した記事がきっかけだ。以後、日の目を浴びることのなかったこの語だが、二〇〇八年にミュージシャンのエリカ・バドゥが自身の楽曲《Master Teacher》内で「Stay woke」と歌ってからは、より広く一般的に受容される言葉となっていく。

二〇一四年に黒人青年マイケル・ファーガソンが警官に射殺された事件をきっかけに、ブラック・ライヴズ・マター運動が全米で展開されると、多くの人びとが「目覚め」た結果、メディアでもしきりに「ウォーク」が用いられ出した。

そして「黒人への人種差別」という本義を超越し、「ウォーク」はあらゆる差別に対して抵抗する姿勢を表す言葉へと変容を見せた。二〇一七年以降の「#metoo運動」や、同性婚の権利、人工妊娠中絶へのアクセスを求める社会的な運動の中でもしきりに用いられ、現在では「差別に敏感な姿勢」全般に対してこの言葉が用いられている。なお、こうした社会的な風潮を「woke culture（ウォーク・カルチャー）」と呼ぶ。

今、このウォーク・カルチャーをめぐりアメリカが真っ二つに別れている。そしてこの「ウォーク・カルチャー」という語は、それを用いる人びとの政治的イデオロギーによって若干意味合いが異なる点で興味深い。リベラル層が「マイノリティへの差別に敏感な文化」を指すポジティヴな文脈で使用するのに対し、保守層は「ポリティカル・コレクトネスを遵守しすぎる、過敏すぎる文化」という揶揄含みの批判的文脈で用いるのだ。

二〇二二年四月、フロリダ州ではロン・デサンティス知事が「Stop Woke Act（ウォーク禁止法）」を承認し、学校や企業などで「この社会にはマイノリティ差別があると、過度に教え込むことを禁じた。当然、全国のリベラル層からは批判が相次いだ。

そして近年、このウォーク・カルチャーが発展し、新たに「Cancel Culture（キャンセル・カルチャー）」と呼ばれる風潮が生まれた。ウォークの発想に基づき、差別的な発言をした人びとを「キャンセル」する文化、つまり差別をおこなった人物を告発し、降板や失職させるという時流を表す。二〇一〇年代中盤以降、エンターテインメントの業界において、このキャンセル・カルチャーがもたらした影響は計り知れない。スタンダップコメディ界でも、実に多くのビッグネームがキャンセルされた。

それは、トランプという、もっともウォークからかけ離れた大統領の誕生によって、差別的で排外的な言説が連日可視化され、より一層の「正しさ」が求められた社会の中で巨大化した風潮でもある。

二〇一七年、ハリウッドのプロデューサー、ハーヴェイ・ワインスタインの長年にわたるセクハラ告発をきっかけに、世界中で「#metoo 運動」が起こった。それまで泣き寝入りすることしかできなかった性被害者たちが実名で声をあげはじめたのだ。

同年一一月、『ニューヨーク・タイムズ』紙はルイ・C・Kが過去に複数人の女性にセクハラをおこなったと報じた。すぐさま出演映画『I Love You, Daddy（ラブ・ユー、ダディー）』の配給中止が発表され、記事の内容を概ね認めたルイは表舞台から姿を消すことになった。

二〇二〇年六月には、クリス・デリーアが過去の未成年との淫交によって、出演していた作品の降板が発表されたほか、コメディ・セントラル上のスペシャルが削除された。

国民的コメディアンとして数え切れないほどの偉大な功績を残したビル・コスビーも六〇人を超す女性に過去の性暴力で告発され、今ではそのキャリアを正面から評価することが難しくなっている。

こうした男性権力を振りかざしたセクシャル・ハラスメントに擁護の余地などなく、彼らの「キャンセル」に異を唱える意見は少ない。#metoo ムーヴメントによって告発が相次いだことで、それまで届かなかった声が届けられるようになった点は、社会の確かな進歩と呼べる。

なお、ルイ・C・Kは二〇一八年八月に舞台復帰を果たすが、その復帰をめぐり賛否の声があがった。たとえばウィスコンシン州マディソンのクラブ、「コメディ・オン・ステイト」では公演に反対する人びとがクラブのまわりを囲い、ルイを中に入れないようにする抗議行動が展開されたが、クラブの従業員らが身体を張ってなんとか彼に通路を作り、二日間のショーが実現した。このように多くのコメディ仲間のサポートの元、全米ツアーをおこなったルイは、コロナ禍の二〇二〇年四月、復帰スペシャル『Sincerely（シンシアリー）』を自身のウェブサイト上でリリースした。アルバムとしてもリリースされた本作は、二〇二二年のグラミー賞最優秀コメディ・アルバム部門を受賞している。

ちなみに#metooでのキャンセルからこうして早期に復帰を果たす事例は非常に稀であると言える。と同時に、以下に詳述していく「発言」や「ジョーク」によるキャンセルとは分けて考える必要がある。

ここでは、スタンダップコメディアンという、「言葉」をつむぎ人びとを笑わせる表現者が、その「言葉」によって仕事を失った事例から今のアメリカについて考えたい。前もって断っておくが、筆者自身、「アメリカの今の基準はこうであるから、日本もそれに倣うべきだ」という論を展開するつもりは毛頭ない。また、私自身、正義の代弁者になる願望も持ち合わせていない。

ひとつの発言が炎上し、キャンセルされていくのには、その国が辿った歴史、社会背景、そして発言者自身の出自やジェンダー、これまでのアーティストとしての姿勢などが複雑に影響する。短絡的に「この発言はアウト」「この発言はセーフ」と定義づけてしまうことは、そこに隠された言外のコンテクストを見過ごすことになるばかりか、そこにはいつでも、必要以上の規制、前例の構築、はたまた表現者による自主規制の機運を呼び起こすリスクがあることを理解しなくてはならない。

ケヴィン・ハートと「過去の」ホモフォビック・ツイート

もっとも大きなインパクトをあたえたキャンセルの事例として、多くの人びとが想起するのはケヴィン・ハートであろう［写真4-2］。

二〇〇一年のデビュー以来、映画出演など着実にキャリアを積み重ねたケヴィン・ハートはリチャード・プライヤー、エディ・マーフィーからクリス・ロック、そしてデイヴ・シャペルへと続く、まさにスター・ブラック・コメディアンの系譜の正統な後継者とみなされてきた。スタンダップコメディアンとしても、二〇一五年にフィラデルフィアのフットボール・スタジアムで五万三〇〇〇人を満員にする公演をおこなうなど、数々の偉業を成し遂げ、二〇一〇年代においてもっとも大きな成功を収めたアーティストのひとりとなった。

そしてついに二〇一八年一二月、かねてから自身の夢と公言していたオスカー授賞式の司会への

写真4-2 もっとも人気のあるコメディアンのひとり、ケヴィン・ハート。『マン・フロム・トロント』（2022）で山下智久と共演し、日本でも少しばかり話題になった

内定がアナウンスされた。しかし、そのわずか二日後、二〇一〇年と二〇一一年に自身がおこなったあるツイートが掘り起こされ、批判にさらされることになる。

「俺の息子が家に帰ってきて、娘のドール・ハウス（人形の家）で遊ぼうもんなら、俺は直ちにそれをぶっ壊して『やめろ、それはゲイのもんだ』って言うだろうな」

このツイートの「発掘」を機に、過去のテレビ内での発言や、他のツイートなどが相次いで「ホモフォビック（同性愛嫌悪）」だと炎上した。とりわけゲイに対する最大の侮蔑である「fag（ホモ野郎。faggotの省略形）」という語を使用した二〇一〇年のツイートは大きな批判を呼び、ネット上を中心に「ハートは司会にふさわしくない」との声が広がった。すぐにハートは自身のインスタグラムに自撮りの釈明動画を投稿した。「今の世の中はクレイジーになっている。俺はこの件について過去に何度も謝罪してきた。反省して前を向いているんだ。人の過去の過ちを見つけては、それを突こうとするなんていうネガティヴなことはもうやめにしよう。人間は日々、生き、学び、成長し、そして成熟するんだ」

しかし、この声明は「開き直り」と解釈され、火に油をそそぐ結果となった。しまいには、アカデミー側がハートに再度「謝罪をしないのなら、別の司会を探すことになる」と最後通達。それでもハートは「謝らないことを選んだ」と謝罪を固辞し、その上で「自分のせいで、おめでたいセレモニーに水を差すようなことはしたくない」と司会の座を辞退する旨を発表した。

その後、当該のツイートを削除するとともに、あらためてLGBTQコミュニティに謝罪の意を示した。結局この年、アカデミー賞授賞式は司会不在のままでおこなわれることになった。

この一件は多くのコメディアンたちに、たとえ過去の発言であっても、それまで積み上げたキャリアを一瞬で失いかねないという事実を認識させた。

もちろんハートの発言自体は極めて差別的で、決して許されるものではない。「ファゴット」という語は、もっとも侮辱的な差別用語であり、黒人に対する「nigger（ニガー）」と並び、たとえば職場で発すれば即座に解雇通告を言い渡される卑語として認識されている。日頃より黒人の立場から、その不当な状況も痛快なジョークに昇華していたハートが、この言葉の持つ強烈さに無自覚（だった）ことは残念でならない。

しかし、すでに公の場で複数回にわたって謝罪を済ませていたこと、またツイート自体がすでに一〇年近く前のものであったことなどから、コメディ界を中心に「行きすぎたキャンセルだ」との声もあがった。ハートの「兄貴分」にあたるデイヴ・シャペルも自身のスペシャルの中で、彼を擁護する発言をおこない、キャンセル・カルチャーそのものに異を唱えたが、それ自体が新たな批判を呼び起こすという結果を招いてしまった。

こうした過去の発言が原因でコメディアンがキャンセルされた際、必ず見られる意見としては「その時代は良かったのだから、それを今の時代の価値観に照らし合わせて批判するのは不当だ」というものだ。確かに五〇年代のナイト・クラブ内では観客の容姿がなじられ、八〇年代には他人種のステレオタイプをこき下ろすネタが展開された。そしてそれらのジョークは、その時代においては総じて「セーフ」とみなされ、その場に居合わせた多くの観客が無邪気に笑っていた。

筆者自身としては「あの時代は許された」という言説を用いることが、そうしたジョークに心を痛めていた当時の人びとの存在に無自覚になる危うさを孕んでいるように思えてならない。スタンダップコメディアンという存在が、自らの「声」を届ける表現者であるからこそ、ようやく届くようになった過去の彼らの「声」から目を背けるべきではないと感じる。私たちコメディアンも、そしてオーディエンスもが、無自覚に、無邪気に差別的になることの危うさを常に理解していなければならない。第1章でも述べたとおり、今の時代、無知でステージに上がることのリスクは過去の時代よりも格段に増している。

一方で、過去の発言が永久に許されない社会にも一抹の危うさを感じる。大衆がひとりの過ちを糾弾し、社会から抹殺することで成就するものは何もない。過ちを真摯に認め、自身と向き合い、その上で前進している発言者の未来の言葉を奪うことは、差別の根絶におよそ結びつかない。ハートの言うように、私たちが「学び、成長し、成熟し」ていく存在ならば、その担い手とともに、コメディという業界も成熟していくはずだと信じずにはいられない。

ケヴィン・ハートはこの一件以後も精力的にスタンダップコメディの公演をおこない、今も彼の「声」を届けている。

キャンセルされたマジョリティ

ウォーク・カルチャーが元来、黒人差別に「目覚める」ことを起点にしているため、それが発展を見せたキャンセル・カルチャー下においては、マイノリティへの差別発言に対してもっとも厳しい目が向けられてきた。とりわけマジョリティ、言い換えると「white privilege（白人の特権）」を有しているとされる「白人」によるマイノリティ差別は否応なくキャンセルの対象となってきた。

マイケル・リチャーズとNワード

話は二〇〇六年に遡る。『となりのサインフェルド』への出演などで知られるベテラン白人コメディアンのマイケル・リチャーズは、ロサンゼルスの「ラフ・ファクトリー」の舞台に立っていた。ネタの中盤で観客席からヤジが飛ぶと、即興ネタに切り替え、突如「Nワード」を連呼しはじめた。本来クラブでは、ネタをビデオ撮影することは禁じられているものの、その夜たまたま観客のひとりが一部始終を携帯電話のビデオに収めていた。最初にリチャーズの口から「ニガー」の語が口にされた瞬間から、クラブ中に不穏な空気が流れ、二回目以降は、単語が発せられるたびに観客の悲鳴のような声がこだましているのがはっきりとわかる。そしてついには退室する者も現れたところで動画は終了している。

このビデオが皮肉にも、デジタル化の波の中で当時新興メディアであったツイッターを中心に世界中に拡散すると、当然ながらリチャーズには大きな批判が寄せられた。それを受け、すぐさま謝罪声明をリリースするも炎上は止まず、リチャーズは翌年、とうとうスタンダップコメディからの引退を表明した。

トニー・ヒンチクリフとアジア人差別

近年の事例で言えば、同じく白人コメディアンのトニー・ヒンチクリフが記憶に新しい。

一九八四年生まれのヒンチクリフは、「ポッドキャストの帝王」ジョー・ローガンに見出される形でシーンに登場すると、その粗野で傍若無人な芸風がウケ、一気にスターダムに上り詰めた。ローガンのショーに定期的にゲスト出演するほか、自身のポッドキャスト番組『Kill Tony（キル・トニー）』も毎週二〇〇〇万ダウンロードを記録する人気で、公開収録の全国ツアーも連日ソールドアウトという成功を見せていた。二〇二一年一月には、コロナ禍で劇場再開の目処が立たないロサンゼルスを後にし、テキサス州オースティンに拠点を移すと、ポッドキャストに加え、地元のクラブでのショーにも積極的に出演していた。

そして同年五月、自身が出演するショーで事件は起きた。ペン・ダンという地元のアジア系コメディアン(中国系)の後を受け、舞台に上がったヒンチクリフは、「みんな、今一度会場を沸かしたこの薄汚いチビの〝チンク〟(原文はfilthy little fucking chink)に大きな拍手を」と言い放った。そしてその後も中華レストランの店員に扮し、ステレオタイプ化されたアジア人を真似たスキットを挟んでみせた。

それらのジョークに当日の会場は笑いに包まれたが、リチャーズと同様に、観客が録画していた動画がSNSにアップされると瞬く間に大きな批判が向けられることとなった。

ちなみにこの「チンク」という語は一九世紀ごろから用いられてきた中国系への侮蔑語であり、鉄道建設に従事していた彼らが鉄を打つ音に由来していると言われている。現在では「Nワード」や、日本人に対する「ジャップ」と同様に決してその使用が許されない差別用語「Cワード」として知られている。

かつて「グーク」という、元々は韓国系に対する蔑称が、ベトナム戦争以後アジア人を一括りにした差別用語として用いられたように、この「チンク」も中国系に限らずアジア人全般に対し広く投げかけられてきた歴史がある。

そして、ヒンチクリフがこのネタをおこなった二〇二一年五月はアメリカ全土で深刻なアジア人差別が起こっていた時期であることを忘れてはならない。新型コロナ・ウイルスをアメリカに持ち込んだ元凶だという偏見で、アジア人へのヘイトクライムが頻発し、多くの犠牲者が出た。トランプによる「チャイナ・ウイルス」という発言も少なからず影響をあたえたと指摘する専門家もいる。

実際、この年の一月にはオークランドのチャイナタウンで中国系の九一歳の老婆が道で突き飛ばされ大けがを負ったほか、二月にはタイ系の老人が道で襲われ転倒しそれが元で亡くなる悲劇に見舞われた。三月にはニューヨークの地下鉄でフィリピン系の男性が頬をカッターナイフで切られ、同月にはアジア系女性が多く働くアトランタのマッサージパーラーが銃乱射の標的にされる事件まで起こってしまった。

そうした中で、多くの人びとが立ち上がり「#StopAsianHate」という合言葉のもと、全米で抗議運動が展開された。コメディ界でも、アジア系のコメディアンを中心に、差別に笑いで打ち勝とうとする機運が満ちていた時期だった。

歯に衣着せぬ過激な発言が持ち味とされるヒンチクリフであれど、こうした状況下での先述のネタは「ジョークだから」で済まされるものではなかった。彼の契約する大手エージェンシーWMEは即日契約解除に踏み切り、彼の慕うジョー・ローガンも当面、自身のショーへの出演取りやめを発表した（しかし二〇二三年三月、ローガンはキャンセル・カルチャーに反対する「何でもあり」のコメディ・クラブ「コメディ・マザーシップ」をオースティンにオープンし、ヒンチクリフも積極的に出演している）。

当時印象的だったのが、シカゴでも、私の出演するクラブの楽屋で多くのコメディアン仲間が「この一件をどう思うか」と尋ねてきたことだった。自分は、アメリカという国に住むアジア系という「当事者」なのだ、とあらためて認識させられたことを覚えている。

マイケル・リチャーズやトニー・ヒンチクリフの発言は、攻撃的かつ軽率であり、マイノリティに対する差別が容易に見て取れるため、キャンセルの理由として多くの人びとが納得するものだった。対して、以下の事例はどうだろうか。あえて、コメディ以外の分野から紹介したい。

大谷翔平の試合の解説者とアクセント

二〇二一年八月一七日、MLBのロサンゼルス・エンゼルス対デトロイト・タイガースの一戦が、本拠地デトロイトの中継局バリースポーツで生放送されていた。六回、打席に入ったのはこの年MVPを獲得する日本人プレーヤー、大谷翔平。この日解説を務めた往年の名投手、ジャック・モリス（白人）は、「あなたなら、バッター大谷をどう攻めますか」という実況アナからの問いに、アジア系訛りの英語で（具体的にはLとRを混同させながら）「ベリー・ベリー・ケアフル（とても慎重に攻めるよ）」と答えた。このアジア系のアクセントのモノマネは差別的だと炎上。試合途中の九回にモリスは「先ほどの大谷選手への発言は、差別的な意図があったわけではありませんでした。しかし、とくにアジア系コミュニティの方々に不快な思いをさせてしまったのなら申し訳ありませんでした」と謝罪声明を出す事態になる。試合後、この一件をUSAトゥデイやESPNなどの大手メディアが一斉に報じると、局はモリスに対し無期限職務停止処分を下した。

「ベリー・ベリー・ケアフル」というたった数秒のアクセント・ジョークで、たしかにひとりのベテラン解説者が職を失った。この発言自体に無論悪意があるわけではなく、ネット上ではこうした処分が重すぎるのではという声も聞かれた。いずれにせよ、こうした他者のアクセントを真似するという

「芸」や「ジョーク」が、現在では非常に「controversial（物議を醸す）」だという事実が、スポーツを通して可視化された瞬間だった。

ひとつ確実に言えることは、現代のアメリカにおいて、マイノリティの英語の発音を、マジョリティが誇張し揶揄することは批判の対象になりうる。具体的に言えば、ネイティヴ・スピーカーの白人が、インド系やアフリカ系、ヒスパニック系やアジア系などの訛りを演ずることは、一線を超えているとみなされる。

では、白人が、同じ「白人」でもあるロシア訛り、イタリア訛り、ドイツ訛りなどを真似る場合はどうか。また、同じ「アメリカ人」の南部訛りやボストン訛りを真似るのはどうか。こうした判断はもはや、「アウト」か「セーフ」で容易にできるものではない。発話者のルーツやジョークの文脈にもよるところが大きい。

コメディアン同士でも、楽屋でその一線をチェックし合うことがあるが、往々にしてギリギリのジョークに関して、「It depends on how to deliver.（どうやってデリバリーするかだな＝それをどういう文脈で話すかだな）」という結論に落ち着く。

人種的他者に「擬態」し、アクセントを真似ることが芸の中心だったミンストレルやヴォードヴィル。それらをルーツにもつスタンダップコメディにおいて、そうした伝統的な「アクセント芸」はもはや、きわめてその扱いに慎重にならなくてはならない題材へと変容した。

社会においてより力のある（とされている）集団が、悪意を持って、もしくはその特権に無自覚に、少数派をこき下ろすことは、このウォークな世の中で批判の対象となる。そして、そうした批判は、マジョリティであればあるほど（言い換えれば、白人であればあるほど）より大きな火となって燃える可能性を秘めているのだ。

キャンセルされたマイノリティ

では、現代のアメリカのコメディにおいて、マイノリティがマイノリティをジョークにすることは許されているのだろうか。

ここでもいくつかの事例を参照しながら、現在の「ライン」はどこにあるのかを紐解いていきたい。

ロブ・シュナイダーとアクセント

白人による、マイノリティのアクセント・ジョークが批判の対象になることは先ほど述べた通りだ。以下ではまず、その線引きがきわめて微妙であるがゆえに、議論を巻き起こした事例から紹介する。

二〇二〇年、ネットフリックスは、ベテラン・コメディアン、ロブ・シュナイダー［写真4-3］の復帰スペシャル『Asian Momma, Mexican Kids（邦題『ママはアジアン、子はメキシカン』）』を配信した。シュ

写真4-3 ロブ・シュナイダー。盟友アダム・サンドラー作品でクレイジーな役を演じることが多い。『ホーム・アローン2』で初めて彼の演技を観た小学生の私には、たしかに「白人」に見えた

ナイダーは地元サンフランシスコでスタンダップコメディアンとして舞台に立ちはじめると、二四歳にしてHBOの新人賞を受賞するなど若くしてブレーク。そのままテレビ、映画の世界へと進出していった。一九八九年には『サタデー・ナイト・ライブ』のレギュラーに抜擢され、それ以後も盟友アダム・サンドラーの映画にたびたび登場するなど、三〇年以上にわたってハリウッドの第一線で活躍してきた。十八番のエキセントリックなキャラクターは日本の映画ファンにも強烈な印象を残してきたに違いない。そんなシュナイダーがおよそ三〇年ぶりにスタンダップコメディの舞台に帰ってくるというだけあって、本作は大きな注目を集めていた。

満員の観客を前に、得意の下ネタで爆笑をさらったシュナイダーは中盤に差し掛かり、自身の出自について語りはじめた。「僕は実はアジア系なんだ。僕の母はフィリピン系だからね。だけど僕はアジア人に見えないって言われる。僕のファンでさえ、僕がアジア系だって知らない人もいるぐらいだ」

フィリピン系の母、ドイツ系ユダヤ人の父の間に生まれたシュナイダーはデビュー以降、常に「アジア人」とみなされてきた。『サタデー・ナイト・ライブ』に出演した際には「初のアジア人キャス

ト」という枕詞がついてまわったし、番組内や映画においても「アジア人」としての役割を全うしてきた。それはフィリピン系にとどまらず、中国人から日本人、得体の知れない「オリエンタル」な存在まで、とにかく「おかしなアジア人像」をこれまでかというほどカリカチュアし、コミカルに演じ続けてきた。しかし近年、そうしたシュナイダーの出演作品に対して、ステレオタイプ的すぎるという批判が巻き起こっていた。

舞台上での自身の出自の再表明は、そうした批判へのディフェンスとしての意味合いを含んでいるように感じられたが、シュナイダーはその上で、母についてのジョークを披露した。フィリピン系移民である母と、アメリカ生まれの自身との間で生じる文化のギャップを描いたもので、母のアクセントに加え、中国系や韓国系のモノマネを織り交ぜながらストーリーを展開した。もちろんこうしたエスニック・ジョークは、これまで他の「アジア系」コメディアンが得意としてきたものである。

そしてこの作品が公開された直後、このアクセント・ネタに多くの批判が寄せられた。『ロサンゼルス・タイムズ』紙をはじめとする多くのリベラル系のメディアが、「今の時代にアクセントを真似ることは時代遅れだ」と厳しい意見を述べたのだ。

ここに内在するのはおそらく「〝純粋なアジア人でないロブ・シュナイダーが〟アジア系のアクセントをジョークにした」というコンテクストだとうかがえる。つまり、シュナイダーというドイツ系の姓を持ち、見た目も完全なアジア人とは言えない彼が、アジア系の移民に扮したネタをすることはポリティカル・コレクトネスに反する、という論である。

ハリウッドが九〇年代以降、彼に授けた「アジア人」という像を、二〇二〇年のスタンダップコメディの舞台上で生身の彼が演じるのは不適切であり、彼のアジア人性は不十分であるとみなされたのだ。ロブ・シュナイダーというひとりの人間を、どのように評価するかという「ライン」はまさに、「時代」とともに、そして評価する者の「視点」で大きく変わることが世間に印象付けられた。

幸い、シュナイダーはこの騒動で職を失うことにはならず、二〇二三年現在も俳優活動の合間を縫って、二〇〇人規模のコメディ・クラブでマイクを握り続けている。

クリス・ロックとアジア人ステレオタイプ

二〇一六年二月、アカデミー賞授賞式で司会を務めたのは黒人コメディアン、クリス・ロックだった［写真４－４］。

この年、主要俳優部門のノミネートに有色人種がいなかったことから、アカデミーの姿勢に対し業界内外から多くの批判が集まり、「#OscarSoWhite（オスカーは白すぎる）」というハッシュタグの下に、抗議運動が展開されていた。多くの著名黒人俳優たちが式典への参加ボイコットを表明する中、黒人であるクリス・ロックは舞台に上がり、ホストという大役を務めあげた。オープニングで披露されたモノローグでは、自身の黒人性を軸にしながら、彼らしいマシンガントークで、こうしたアカデミーの姿勢さえも揶揄し笑いを取ってみせた。

中盤に差し掛かり、投票の集計をおこなう場面で、ロックは突如「助っ人」として三人のアジア人の少年少女を舞台に呼び寄せた。タキシードに身を包み、ブリーフ・ケースを掲げた男の子に、黒縁メガネをかけた女の子。明らかに、「勉強ができる、数学の得意なアジア人」というステレオタイプをネタにしたスケッチだった。この演出に対し、すぐにアジア系人権団体やアジア系の俳優たちが抗議の意を示した。

たとえば、二〇一八年に『クレイジー・リッチ！』に主演する女優、コンスタンス・ウーは自身のソーシャルメディアで、「人種差別的なジョークのためだけに、セリフのない子供たちを舞台に上げて見せ物にするのは時代遅れで悪趣味。進歩の対極にある演出ね」と批判した。

冷戦期以降、アジア系は勤勉な「モデル・マイノリティ」として社会に認識されてきた。一見、ポジティヴに見えるこうしたステレオタイプに対しても、近年多くの専門家や人権団体が声をあげてきた。そもそも「モデル・マイノリティ」という言葉には「他人種と比べ、暴動などを起こさず、苦難においても歯を食いしばり、おとなしく耐えるマイノリティ」という意味合いが内包されている。その

写真4-4 デビュー40年目を迎えたクリス・ロック。いつの間にか還暦間近。最近ではエッジの効いたジョークのあとにフォローを入れるモデル・チェンジをした印象

根底には、アメリカという国家に害をあたえない人種でありながら、同時に、アメリカ社会には溶け込むことのない「他者」としての像が存在している。そのため、アメリカで生まれ育ったアジア系「アメリカ人」でさえもエンターテインメントの世界においては「オリエンタル」な像をまとい続けなければならなかったことも遠い過去ではない。

現在、日常会話のレベルでも「アジア人＝頭がいい」というステレオタイプは頻出し、私自身もそうした会話をされたことがあるが、それがネガティヴな文脈でないがゆえに、気分を害されるわけではない。そうした発言そのものが即キャンセルになるから慎むべきだということよりもむしろ、差別の長い歴史と先人たちの取り組みの歴史を理解しているかの方が重要なように感じる。

そして、冒頭のアカデミー賞でのジョークが、黒人、つまりマイノリティであるクリス・ロックによるものだったにもかかわらず、批判を招いた事実は示唆に富む。もしも、このジョークが白人コメディアンから発せられていた場合、多くの批判が巻き起こったであろうことは想像がつく。しかし、二〇一六年の時点ですでに、社会においておよそ権力関係にアンバランスさが見られない黒人とアジア人の間での、こうしたジョークが批判の対象になっていたという事実は見逃すことができない。

ちなみに、ロック自身はこうした演出に一定の批判が来ることは想定していたのかもしれない。この日、舞台の上で、こう締めくくった。「この一連のジョークに異議を唱えたいっていうんなら、自分自身のツイッターにでも投稿しなよ。まぁそれも、この子たちが発明したんだろうからさ」

それから六年後の二〇二二年。先述の『クレイジー・リッチ！』にも出演したアジア系女優オークワフィナが、過去に出演した作品の中で、黒人のアクセントを用いて話していたことを指摘され謝罪に追い込まれた。「Blaccent（ブラクセント）」と呼ばれる黒人英語の借用は近年たびたび問題視されているが「アジア系というマイノリティが黒人訛りを使用した」ことで生じた批判という点で興味深い。この問題自体は「Cultural Appropriation（文化盗用）」ともかかわる。自分の利益のために、他者に擬態し、そこから何かしらの利益や名声を得る行為は、近年批判の対象たりえてきた。もちろん、文化そのものは他者から影響を受けあって、洗練されていくという言説もある。しかし文化盗用への批判はむしろ、「歴史的な文脈を踏まえず」「ただうわべだけで」無自覚に模倣すること、盗用することへの批判であり、社会に広がる制度的不平等が根底に根ざしているとされてきた。その点でも「アジア人」というマイノリティが、黒人というマイノリティのアイデンティティを模倣した場合においても炎上が起こることが可視化されたのは大きな話題を集めた。

ますます生身の自分を通り越して誰かに擬態することが難しい時代になってきている。自らが認識する「自分」とは誰か。そして他者から見える「自分」とは誰なのか。究極の「自分語り」をする私たちスタンダップコメディアンは、今の時代、ひたすらに自分とは何者なのかに向き合わなくてはならない。

デイヴ・シャペルとトランスジェンダー

マイノリティがマイノリティをジョークにし、それが炎上に繋がったのは、なにも人種に関するジョークだけではない。

とくに二〇二一年、デイヴ・シャペルのスペシャル『Closer（邦題『これでお開き』）』はエンターテインメントの枠組みを超えて、社会を二分する議論へと発展した。

本作の説明をする前にまずは今一度、デイヴ・シャペルという人物について論じる必要があるだろう。今もっとも影響力のあるスタンダップコメディアンにして、「GOAT（Greatest Of All Time＝史上最高）」とさえ評されるシャペル。デビュー以来、常に「戦う」姿勢を見せてきたことで知られている。とりわけ、黒人として、人種差別との戦いを、ライフワークのようにおこなってきた。

近年では、二〇二〇年に、ジョージ・フロイドがミネアポリスで警官に首を押さえつけられ亡くなるという事件をきっかけに全国でブラック・ライヴズ・マター運動が展開されると、コロナ禍で劇場が閉鎖しているにもかかわらず、自宅のあるオハイオ州の野外ステージで収録された『8:46』（ジョージ・フロイドが首を押さえつけられていた時間）と題したスタンダップコメディを自身のユーチューブにアップし大きな話題を呼んだ。本章冒頭で述べたとおり、まさに人種の壁を超えたオピニオン・リーダーとしての役割をまとったコメディアンとみなされている。

元々は九〇年代、エディ・マーフィーに見出される形でシーンに登場し、その後すぐにスター街道を駆け上がった。二〇〇三年にはコメディ・セントラルが自身の冠番組『Chappelle's Show（シャペル・ショー）』を製作すると、人種の壁を超えてカルト的な支持を集めた。しかし、そんな人気絶頂の二〇〇六年『シャペル・ショー』を「自分の笑いが白人に消費され、〝笑われている〟だけだから」という理由で突如降板し、表舞台から忽然と姿を消した。

そして長い沈黙の後、二〇一七年にネットフリックスと超大型契約を交わし、ステージにカムバックを果たすと、以来一年に一度のペースでスペシャルを配信し、ブランクなど微塵も感じさせないどころか、より円熟味の増した語りで、コメディ・ファンをうならせてきた。

しかし、その攻めすぎたきわどいジョークゆえに、度重なる炎上が起こるのも特徴で、一連のネットフリックス作品群では、とりわけトランスジェンダーに対するジョークが差別的だ、と批判にさらされてきた。二〇一九年の『Sticks And Stones（邦題『どこ吹く風』）』の中でのジョークが原因で友人のトランス女性、ダフネ・ドーマンさんが自殺したことも大きく報じられた。

そんなシャペルが「最後の舞台」と銘打って、まさに集大成としてリリースした『Closer』。その冒頭で、客席に向かって彼は「俺は今までのジョークにケリをつけにきた」と宣言した。もちろんそれまでの批判や友人の自殺という前段も熟知している観客に緊張が走ったのが画面越しにも伝わる。その上で、シャペルは七二分間のステージのうち、実に四五分間をトランスジェンダーのジョークに用いた。

その中で、ときに悔しさを滲ませながら、友人の自殺の真相を語る。前作のトランスジェンダー・

ネタが炎上した際、ダフネさんは、友人でもあるシャペルを自身のソーシャルメディアで必死に擁護した。するとダフネさんに対し、今度はＬＧＢＴＱコミュニティから執拗な誹謗中傷が相次ぎ、心を病んだ彼女はビルから身を投げてしまったという。

こうしたストーリーの合間にも、トランスジェンダーを揶揄するシンプルなジョークを挟み込み、会場は笑い声をあげる。当然、前作に引き続き、ＬＧＢＴＱコミュニティを含む多くの人びとがこれに抗議の意を示す。ネットフリックス社には連日作品の削除を求めるメールが殺到し、社内のトランスジェンダー社員グループによるボイコット運動にまで騒動は広がりを見せた。そしてついにはＣＥＯテッド・サランドスが声明を発表する事態にまで発展する。

「われわれはこの作品が一線を超えているとは思っていないし、削除の予定もない」サランドスを含め、このように擁護派も存在したが、それでも本作ばかりは「あまりにもトランスジェンダー・ジョークに執着しすぎだ」という声が多く、メディアも低評価を並べた。

おもな論調としては、「トランスジェンダーを〝パンチダウン〟した」というものだった。この「パンチダウン」という言葉は「ある属性の人びとを一段上の立場から見下して攻撃すること」を意味する。そこには「デイヴ・シャペルという圧倒的な影響力を持ち合わせる大御所コメディアンが、異性愛者というマジョリティの立場で、性的マイノリティを笑いのネタにした」という意味合いが含まれているのだろう。

実際、「トランスジェンダーの人は……」と十把一絡げにしてジョークを展開することは軽率とも言える。「シャペルが黒人というマイノリティの立場から、白人というマジョリティ側にいるトランスジェンダーをジョークにしているから構わないのではないか」という意見も散見されたが、それでは「トランスジェンダーであると同時に黒人」という人びとの存在にあまりにも無自覚と言わざるをえない。

私自身もアジア人のコメディアンとして舞台に立つ中で「マイノリティ」という立場が、いかなる批判的な意見からも自身を守れる「安全圏」だとは思っていない。たとえマイノリティの立場から「マジョリティ」をネタにする「パンチアップ」だとしても、そこに細心の注意を払う時代になっていることは重々承知しているつもりだ。

だからこそ、本作もシャペル自身、これらのジョークで大きな批判が巻き起こる心当てがあったのではないか、と思わずにいられない。もちろんシャペルのみならず、ネットフリックスの製作陣然り。だとすれば、彼がここまでトランスジェンダー・ジョークにこだわった理由とは何か。そしてそもそも何に「ケリ」をつけに最後の舞台に上がったのだろうか。

自身のジョークが元になった友人の死が彼に大きな影響をあたえたことは言うまでもない。そしてそれは同時に、ジョークの炎上で、それまで「被害者」と思われていた人びとが、いつの間にか「加害者」に変わってしまう社会の危うさと矛盾を浮き彫りにした。

ネット上からの過度な批判や誹謗中傷が、他人の「人生」まで奪ってしまう悲劇を生んだ。ダフネさんだけではない。行き過ぎたキャンセル・カルチャーで職を失ったコメディアンだって多い。

筆者には、シャペルが、巻き起こるであろう批判を覚悟で舞台に上がり、それらを自らが一手に引き受けることで問題を可視化することそのものに意図があったように思えてならない。それを「最後の仕事」にすることが「GOAT」としての使命でもあり、スタンダップコメディアン、デイヴ・シャペルの生き様だったのではないか。

オピニオン・リーダーになった彼のひとことひとことにいまや会場中が頷き、どんなジョークにも爆笑が起こる。しかし舞台上からのそんな景色はシャペルにとって、突如姿を消した二〇〇六年の「あの時」と重なって見えたのかもしれない。苦難にジョークで「戦う」限界が見えてしまったのではないか。

最後に客席に向かって、そしておそらくはカメラの向こうの視聴者に向かって言った言葉が忘れられない。「どうか俺たちの〝仲間〟をもうパンチダウンしないでくれ」

ちなみにこの『Closer』はアルバムとなり、シャペルは二〇二三年グラミー賞最優秀コメディ・アルバムを受賞した。

マイノリティからマイノリティ――自虐の場合

二〇一九年、あるニュースがコメディ界に衝撃をあたえた。

五月一〇日、エジプト系のコメディアン、アーメッド・アーメッドはフロリダ州のネイプルズにある「オフ・ザ・フック・コメディ・クラブ」でヘッドライナーとして舞台に立っていた。ショーの終盤、彼は客席に向かって問いかけた。

「この中に俺と同じアラブ系はいるかい？」

何名かが歓声をあげそれに応えると、アーメッドはすかさず「お、それじゃあ俺たちで小さなテロ組織を結成できそうだな。よし、みんな劇場のドアに鍵をかけようぜ」と、返す。アラブ系がテロと結びつく、アメリカにおいてもっとも手垢のついたステレオタイプを自虐的に用いた即興の客いじりだった。それに対して観客の多くが笑い声をあげたが、公演後、客席のひとりが匿名で地元警察に通報したのだ。「コメディアンのジョークに脅威を感じた」と。

翌日のショーの前に、警官二名がクラブを訪れ、アーメッドに対する取り調べがおこなわれた。しかし、それはジョージ・カーリンやレニー・ブルースが治安紊乱《びんらん》で逮捕された六〇年代とは異なり、非常に穏やかなものだった。驚くアーメッドにふたりの警官はわずか数分にわたる聞き込みを終えると、去り際に「私たちは市民からの通報があったため、こうしてここに来ました。でも、今日の夜、絶対にネタを変えないでくださいね」と言い残し去っていったという。

クラブのオーナーもメディアからの質問に応じ「彼は、観客を楽しませるためにジョークを言ったんだ。今回はそれがこのような形になって残念だけど、私たちは彼を信じているし、来年ももう彼のショーをブッキングしたよ」と答えた。

この一件は全国版のニュースとして取り上げられ、あたかも「美談」のように扱われたが、コメディアンたちにとって、キャンセル・カルチャーの波がテレビだけではない舞台でのひとことにも押し寄せてきていることを自覚させる契機となった。

そしてそれは、二〇〇六年にNワードを連呼したマイケル・リチャーズのような他者に対する蔑視ではなく、マイノリティが自らのエスニシティを「自虐」するジョークでさえも、キャンセルの波にさらわれる可能性を秘めていることを示していた。

この出来事は、当時クラブでようやくレギュラーのスポットを勝ち取った私自身にも、ジョークの「ライン」がどこにあるかに繊細に、そして敏感にならなければならない時代の訪れを感じさせる決定的なものだった。

キャンセル・カルチャーのルールブック

二〇一九年一〇月、シカゴでおこなわれたイベントでバラク・オバマがキャンセル・カルチャーに関して批判的な意見を述べたことが各メディアで大きく報じられた。

「最近のキャンセル・カルチャーは行き過ぎている。オンラインで他者を非難して、自分の方がウォークであることを証明しようとしているのかもしれないが、それは正義ではない。そんな行動では世の中を変えることはできないんだ」

黒人初の大統領として、多くの人種差別的な誹謗中傷にさらされ続けてきたオバマ。それだけに、キャンセル・カルチャーのみならず、こうしたウォークに対しての言及が彼の口からなされたことには大きな意義がある。

コメディ界でもこうしたキャンセル・カルチャーの波に、多くのコメディアンが意見を述べてきた。

シカゴ出身の黒人コメディアン、デオン・コールは二〇一九年のネットフリックスのスペシャル『Cole Hearted（邦題『情け無用』）』の中で、「今のアメリカのコメディはパンチがない。軟弱で遠慮して話す。アメリカらしくない。みんな小さなことにビクついている。音楽もダメ、映画もダメ。コメディが最後の砦なんだ。自分と違う考えを排除しちゃダメだ。他人をリスペクトしろよ。違う考えのヤツとの出会いは転機だ」と語った。

一方で、俳優としても活躍し二〇一四年には金正恩を風刺する映画『ザ・インタビュー』で監督・出演したコメディアン、セス・ローゲンは二〇二一年、テレビ番組の中で、「きっとジョークの中には今では受け入れられなくなったものもあると思う。そしてジョークは映画と違って、永遠におもしろいってものはないんだ。キャンセル・カルチャーに不満を持つ意味はわからないよ。自分の発言で人を傷つけてしまったのなら、その事実を受け入れればいいんだよ。酷い内容でないと思うなら、そう伝えればいいだけなんだ」と答えた。

私自身、このキャンセル・カルチャーの時代を生きるコメディアンとして、日々思索に耽っている。「昔はよかったなぁ」とノスタルジックになるほど、長い芸歴を持ち合わせているわけでもなければ、「誰も傷つけない笑い」を目指しているわけでもない。しかし、この仕事をプロとしておこない、言葉を紡ぐ身として、その時代のギリギリの「ライン」がどこにあるかということについてはことさらに敏感でなければならないと自らに言い聞かせている。そして先にも述べたように、その「ライン」は日々変わり行くものであり、昨日まで許されていた発言が、今日にはキャンセルの対象になることだってあるとも心得ている。だからこそ無知ではマイクを握らない。そして、きわどい「ライン」をある種、批判覚悟でついていくことで、生み出されうる議論にも意義があると信じている。そしてそれほどの魂を込めて発した舞台上での作品に関しては、いかなる批判が来ても、納得のいかないその場限りの謝罪はしないと決めている。

きっとスタンダップコメディに、これを言ったら「アウト」で、これなら「セーフ」という、広く誰にでも通じる「ルールブック」は存在しない。強いて言うならば、誰が、どの文脈で、どのように言うか、に尽きるのではないか。表現の自由に、絶対性など存在しないのかもしれない。

悲しくもキャンセル・カルチャーの波の中で自らの命を投げ捨てたダフネ・ドーマンさんのコメントを今も胸にしまっている。「スタンダップコメディアンという仕事は、自分が誰かより上だと思ってパンチダウンすることでも、誰か上の人に向かってパンチアップすることでもなく、どこが〝ライン〟なのかを見極めて、〝パンチライン（オチ）〟を作ることです」

分断とコメディ

では二〇一〇年代中盤以降、「ウォーク」時代のアメリカにおいて、スタンダップコメディのシーン全体では、どのような傾向の変化が見られるのだろうか。

連日、メディアでは現在進行形でアメリカの「分断」が叫ばれている。とりわけトランプが大統領に就任して以降、多くの対立軸が国内で可視化され、SNS上での過激な議論や誹謗中傷、そして実際の暴力という形で表出し、その深刻さを国民にまざまざと見せつけた。

その「分断」は、白と黒を基調とする人種間の分断にとどまらず、宗教観に根ざした人権を巡る分断、都市と地方の分断、政治的イデオロギーに基づく分断、富裕層と貧困層の分断など、多くが複雑に混ざり合い、自分と意見や立場の異なる「他者」に対しての憎悪とともに国内を幾重にも渡って切り裂いていた。

クリーン・コメディの台頭

こうした時流に顕著だったのは「Clean Comedy（クリーン・コメディ）」の台頭であろう。差別に敏感な風潮の世の中にあって、攻撃的な笑いはキャンセルの対象になりうるため、テレビはもちろん、「大人のための」空間でもあるコメディ・クラブでさえ、「クリーンな」笑いが急激に増した印象だ。日本でも、二〇一〇年代後半以降、「傷つけない笑い」という言葉がしきりに用いられたが、ちょうどアメリカのブームの時期と重なる点で興味深い。

ちなみに「クリーン・コメディ」というジャンル自体は、ウォーク・カルチャーよりも以前から存在していた。古くはヴォードヴィルで提供されたジャンルの笑いでもあり、制限の厳しいネットワークのテレビ局はもちろん、家族連れでも安心して楽しめるようなコメディにはいつの時代も一定の需要があった。しかしここで強調したいのは、その場合の「クリーン」という用語は、「誰も傷つけない」や「当たり障りのない」という意味ではなく、「Dirty」の対義語で、下ネタや「ファック」などの卑語を含まない「上品な」という意味合いだったということだ。

一方、他者を「傷つける」という文脈で用いる、攻撃的な笑いは「Offensive」と表現される。キャンセル・カルチャーの時代において、過去には許されていた攻撃的なネタが多くの議論を巻き起こしていることは前項でも述べたとおりだ。そして仲間たちがそうしたジョークによって、厳しい批判にさらされ、職を失うさまを見て、多くのコメディアンたちが自主的に、むき出しだったその刃を徐々に懐へしまい込んでいった。

そして二〇一〇年代中盤以降、「クリーン・コメディ」は、いつしか、「上品で」あることに加え、「他者を傷つけない＝Offensiveでないもの」という意味へと変容した。「クリーン」な波によって、具体的には、「角の立つ」政治ジョークは減少し、それまでの時代には「オルタナティヴ」とされ、メインストリームの外側に位置するとされていた「歌ネタ」や「フリップ・ネタ」がクラブレベルにおいても急増した。

もちろんそれ以前からクリーンなネタを得意としていたコメディアンにはより大きなスポットライトが当てられることになった。その好例が、クリーン・コメディの象徴的存在とも言えるジム・ガフィガンだ［写真4-5］。

一九九一年のデビュー以来、ガフィガンは「Family Friendly（家族でも楽しめる）」なコメディアンとして常に第一線で活躍を見せてきた。個性的なキャラを持ち合わせない、いわゆる「Everyman（普通の人）」として舞台に立ち、ステージで話されるのは日常生活や食べ物の話。自身も五人の子を持つ父親であるがゆえに、とくに家族ネタはガフィガンの代名詞となっている。もちろん下ネタもなければ、政治への言及も少なく、ハラハラすることなく楽しめるのが特徴だ。「分断」が深まる中で、ガフィガンはより注目を集め、二〇一三年から二三年までの一一年間で、実に七度もグラミー賞の最優秀アルバムにノミネートされている。

しかしそんなガフィガンが二〇二〇年八月二七日、ついに吠えたのだ。

写真4-5　コロナ禍、家族揃ってリビングでコメディを観る人にはうってつけの安心ネタ。気まずい雰囲気を決して作らない男、ジム・ガフィガン。日本ツアーもたびたびおこなう

大統領選まで二カ月を切っていたこの日、共和党の全国大会でトランプが指名演説をおこなうと、突如自身のツイッターで痛烈な批判を投稿した。「このツイートが俺の道徳的美徳を世間にアピールしていると思われようがどうでもいいしクソ食らえ《ファック》だけど、俺たちはいいかげん目覚めなきゃならない。トランプはマジでペテン師だから」

当然これまで政治に沈黙を貫いてきたベテラン・コメディアンの発言をメディアはこぞって取り上げ、それだけに批判も賛同も巻き起こった。「クリーン・コメディアン」の名を欲しいままにしていたガフィガンは一気に「ポリティカルなコメディアン」へと変貌を遂げた。

トランプを支持する保守層からは落胆の声が聞かれ、予定されていた公演のチケットの払い戻しが相次いだという。もちろんガフィガン自身、それを承知で、それでも我慢できずに声をあげた。「クリーン」なジム・ガフィガンですら、もはや「クリーン」でいられなくなっているほどに、深刻な「分断」がコメディを通して見えたと思った瞬間だった。

この三カ月後、大統領選で勝利を収め、翌年第四六代大統領に就任したジョー・バイデンは就任演説で、アメリカのために「Heal the division（分断を癒す）」と宣言した。

黒と白の分断――ＢＬＭと議事堂乱入、ＣＲＴ

二〇二〇年五月二五日、ミネソタ州ミネアポリスで黒人男性のジョージ・フロイドが白人警官に首を押さえつけられ亡くなった。この事件をきっかけに全米でブラック・ライヴズ・マター運動が再燃し、警察による暴力の排除、人種間の制度的平等を求める抗議運動が展開された。その過程で、暴動や略奪も横行し、私の住むシカゴでも目抜き通りの高級ブランド店をはじめ、街中のショーウィンドウが次々に割られ、ベニヤ板でそれらが覆われるという異様な光景が広がっていた。

また、各地での抗議運動に対し、州兵を投入させたり、過激な言辞を用いたりと強硬な姿勢を貫くトランプ政権への批判も相まって、人種問題を超えた運動へと発展していった。

そして、この時期は新型コロナ・ウイルスによる行動制限が発令されていた期間と重なり、コロナ対策そのものへの人びとの蓄積された鬱憤が、国中で度重なる抗議運動を呼んでいた。街では毎晩サイレンが鳴り響き、「Defund The Police（警察組織を解体せよ）」というプラカードを掲げたデモ参加者と警察の小競り合いが続き、コロナ禍におけるマスクの着用義務付けを撤廃せよとライフルを担ぐ者がトップニュースになる。そんな「笑えない」様子を、私を含めた多くのコメディアンたちは、クラブが閉鎖し舞台に立つことも叶わない中で「何も言えない」まま、ただ見つめていた。

そんな中でも、先述の通り、デイヴ・シャペルがマイクを握り、自身のユーチューブ上で『8: 46』をリリースした。六月六日に収録された本作は、同月一二日にはネット上に配信され、ステイホームするアメリカ国民に大きな衝撃をあたえた。過去のシャペルのスペシャルと比較すると、お世辞にも洗練されているとは言えないその公演は、それでも今アメリカの置かれている社会状況をシリアスに、それでもなんとかユーモラスに切り取ろうとする気概が見えた。語気を強め、観客に向かって、「こんな状況でコメディアンが言えることなんて何もない。でも、言わなきゃならないからここに立っているんだ」と語る彼の姿に勇気づけられた人びとも多いのではないか。かく言うわたしもそのひとりだ。

そして、大統領選が近づき、国民の関心はトランプの再選の可否に集まった。コロナ対策、移民政策、そしてアメリカの経済復興。多くの関心事がネット上に溢れ、意見を同じくする人びとが結束を高め合う中で、「他者」の存在はより鮮明になり、結果として分断は深まった。ソーシャルディスタンスを守って徐々に再開されたショーでも、この時期、もっぱらの時事ネタは大統領選にまつわるものだったことを記憶している。

それはテレビのコメディ番組でも同様だった。『サタデー・ナイト・ライブ』で放送されたスケッチでは、それまでアレック・ボールドウィンがトランプを演じてきたが、バイデン役にはジム・キャリーがキャスティングされ、得意の破天荒なキャラクターで演じてみせ、お茶の間を笑わせた。

そして、選挙まで一カ月を切った一〇月一〇日、『サタデー・ナイト・ライブ』のホストを務めたのはビル・バーだった。もっとも影響力のあるスタンダップコメディアンにして、「Comedian's Comedian（コメディアンにウケのいいコメディアン）」とも呼ばれるベテラン。典型的な白人男性のペルソナをまとい、怒りと皮肉に満ちたエネルギッシュなジョークを届けてきたバーはこの日、ブラック・ライヴズ・マター運動の欺瞞について切り込んだ。「そもそもウォーク・カルチャーっていうのは平等な機会を求める有色人種のための運動じゃなかったか？　それなのにいつの間にか白人女性がそれを〝ハイジャック〟しちまったんだ。いまや彼女たちがなぜか抗議の最前線で叫んでる。こんなに白人女性が文句を言っているアメリカはこれまでの人生で経験したことがないよ」

　放送後、このジョークにメディアは賛否両論。賛成派が「胸のすくようなビル・バーらしいジョーク」と賛辞を送れば、反対派は「ミソジニスティック（女性蔑視的）」で「不適切」と断罪した。白人男性というマジョリティの立場から、この問題に軽はずみに言及すべきではないという批判がネット上でも多く叫ばれた。逆に肯定派は、そんな彼らのことを「Snow Flake（雪の結晶）」と呼んで切り捨てた。「スノーフレーク」とは雪の結晶がそれぞれ形が違っているように、元々は個性を重んじる表現として用いられてきたのだが、近年では結晶のように脆く、すぐに傷つく人びとのことを揶揄する文脈で使われている。

　これら一連の議論で、あらためてマジョリティの立場からは、今まさに目の前で起きている問題にも何も言えないことが顕在化した。それまで、キャンセル・カルチャーを恐れず、奔放に、忖度なく切り込むことを信条としてきたビル・バーもこのときばかりは動揺を隠しきれなかったと語る。

　そして、ご存知のようにトランプは負けた。しかし、その敗北を信じない人びとが多くいた。不正選挙論を唱えるトランプ支持者らがついに二〇二一年一月六日、連邦議事堂に押し入るという事件「Capital Riot（議事堂襲撃事件）」が発生した。民主主義の根幹を揺るがすあまりにも衝撃的な出来事だった。

　そんな中、黒人コメディアン、マイケル・チェが自身のスペシャル『Shame The Devil（邦題『ぶっちゃけ話』)』をネットフリックスからリリースした。『サタデー・ナイト・ライブ』で長年、ニュースキャスターに扮し、アメリカの「今」を斬り続けてきた彼は客席に向けて語った。

「去年のブラック・ライヴズ・マター運動を家で見ていて俺は誇らしかった。黒人が一丸となって抗議したんだ。多少の略奪行為はあったけどな。でもそしたらもっとすごいことが起こっちまった。今年の一月六日の議事堂乱入さ。あれにはたまげた。俺たち黒人が盗んだのはたかだか量販店のテレビぐらいだったけど、〝あいつら〟は合衆国憲法までをも盗もうとしやがったんだ」

もちろん、ここでチェの言う「あいつら」とは、暴動に参加した「白人至上主義者」のことを指す。それまでも一貫して「黒人から見た白いアメリカへの疑問」という題材で作品を作り続けてきたチェ。彼のこのジョークに、さまざまな人種で構成された会場はこの日一番の笑いで応えた。

チェの舞台でも、そしてニュースでさえも議事堂乱入は「白人至上主義の」「トランプ主義者」たちによる暴動だと繰り返し報じられた。しかし、話はそうも単純ではない。現に、私の家の近くにあるベトナム料理店のオーナー夫妻も抗議活動のために、シカゴからワシントンDCへと足を運んでいた。彼ら自らその様子をSNSにアップすると、それが拡散し、店のレビューサイトが炎上。店は一時閉店へと追い込まれた。

ベトナム戦争期に移民としてアメリカにわたり、シカゴという「リベラル」な街に暮らす「アジア系移民」の彼らもが、この分断の波にさらわれていたのだ。もはや白と黒の二項対立で語ることができない社会になっていることは明白だった。と同時に、彼らオーナー夫妻も、このアメリカの分断された社会の犠牲者なのかもしれないと、思わずにはいられなかった。

そしてバイデン政権が誕生してから二年が過ぎた今なお、そうした分断は癒えていない。南部を中心とした保守層の強い州では「Critical Race Theory（批判的人種理論、以下CRT）」の受容をめぐり大きな分断が生じている。

この考えはもともと一九六〇年代のカウンター・カルチャーを経験した七〇年代に提唱され「アメリカという国の繁栄は、ネイティヴ・アメリカンからの略奪と、黒人奴隷制度を含めた人種差別の上に構築された」という歴史観のことである。言い換えると、アメリカは白人による有色人種の搾取の上に成り立ってきたという考えで、人種差別は人間の差別や憎悪といった感情よりもむしろ、社会制度や政策によって生み出されるという概念だ。

このCRTの受容、とりわけ学校教育での受容をめぐり、近年南部で大きな反対運動が起こっている。つまり、白人の子供たちに不必要な罪悪感を植え付けるばかりか、黒人と白人の分断を生み出す原因にもなりかねないという理由だ。こうした反CRT運動は、州法制定の動きへと繋がり、実際多くの州で反CRT法が成立した。極端な例でいうと、学校で黒人奴隷制や公民権運動の歴史を教えることを禁ずるものもあった。

二〇二二年二月、テネシー州のとある郡の教育委員会が、教科書からホロコーストを描いたアート・スピーゲルマンのコミック『マウス』（一九八〇）を削除することを決めた。表向きの理由としては、内容や描写の過激さが中学生にはふさわしくないとのことだったが、もちろん反CRTの流れを汲んだ決定であることは明らかだった。第二次世界大戦中にヨーロッパで起こったユダヤ人差別であっても、近年、とりわけ保守層の多い地域では教育現場で扱わない事例が増えているという。

すぐに全国版のニュースでこのことが報じられると、黒人女性コメディアン、ウーピー・ゴールドバーグは自身が司会を務めるトーク番組『The View（ザ・ビュー）』の中で言及した。

これまで黒人女性コメディアンの草分けとして、常に意見を発信し続けてきたゴールドバーグ。こうした一連の反CRTの流れに、怒りがこみ上げていたのがわかる。そしてついに勢いあまり「ホロコーストは人種の問題ではない。人種は関係なくて、ただ人間が他の人間を残虐に殺しただけ」と発言してしまった。このコメントは当然ながら、ユダヤ系を中心とする人権団体から猛抗議を受け、すぐさま彼女はこう釈明した。「黒人という私の立場から見れば、ユダヤ人も白人であり、ホロコーストは白人による白人の虐殺」

もちろんこの発言は火に油を注ぎ、番組はゴールドバーグに出演停止処分を言い渡した。この騒動は日本でもニュースとして取り上げられたが、その根底にCRTの受容を巡る根深い人種間の分断があることは報じられなかった。

もはや「白対黒」で単純化して捉えることのできないアメリカの人種間分断。「笑えない」ほどに、その溝が深まる中で、私たちコメディアンは本当に「何も言えない」のだろうか。

ヒスパニックとジョージ・ロペス

では、これまで伝統的な白と黒の二項対立の構造に組み込まれてこなかった、いわば周縁に生きるマイノリティは、分断するウォークなアメリカで、どのような表現をおこなってきたのだろうか。スタンダップコメディの発展に、社会で迫害を受けてきたユダヤ系と黒人が決定的な役割を担ってきたことは第2章と3章で述べた。

近年の人口動態を見ても、その増加率が顕著なヒスパニック、そしてアジア系のコメディアンがコメディ・シーンでもその影響力、そして発言力を伸ばしている。

二〇一六年の大統領選を戦うにあたり、ドナルド・トランプが掲げた政策は不法移民の厳しい取り締まりであった。とりわけ国境を超えて流入してくるメキシコ人（実際にはエルサルヴァドルやホンジュラスからが多いのだが）のために壁を建設する案を発表し、挙げ句の果てには彼らのことを「レイピスト」と呼ぶなど、極めて排外主義的な言説とともに断固たる姿勢を見せ続けた。

大統領就任後も、前オバマ政権が取り組んだ「DACA（若年移民による国外強制退去の延期措置）」の撤廃を宣言。DACAとは「Dreamer（生まれて間もない頃に不法移民として親とともにアメリカに渡った子供たち）」を即座に国外退去にするのはあまりにも酷だから、就労許可を限定的にあたえる措置のことだが、トランプ政権は治安維持とアメリカ人の職を確保するためという理由で廃止に持ち込もうとした。これにより一時、多くのヒスパニック系の人びとが国外強制退去の危機にさらされた。二〇二〇年六月に

写真4−6　おもしろいラティーノおじさん、ジョージ・ロペス。映画でも味のある演技で存在感を放つ。高校生のときに観た『バレンタインデー』（2010）でのアシュトン・カッチャーの友人役は印象に残っている

は連邦最高裁判所が「専断的で根拠を欠く」としDACA撤廃を棄却したが、それ以外にも度重なる不当逮捕や、ラテン系退役軍人の国外退去命令など、ヒスパニックの人びとにとって安らぐことのできない日々が続いてきた。

　こうした状況下で、常に先頭に立ってトランプを批判し、ラテンの代表としてマイクを握ってきたのが、ジョージ・ロペスだった［写真4－6］。

　一九六一年、メキシコ系移民の息子としてロサンゼルスに生まれたロペスは、ラテン系コメディアンとして最初に全米規模の知名度を獲得したパイオニアとして知られる。八三年にスタンダップコメディアンとしてデビューしたのち、女優のサンドラ・ブロックに見出されると映画の世界に進出。二〇〇九年にはレイトショー『Lopez Tonight（ロペス・トゥナイト）』の司会に抜擢された。テレビのレイトショーで、ラテン系が最初にホストを務めた歴史的瞬間だった。

　そんなロペスは二〇二〇年、満を辞してネットフリックスから自身のスペシャル『We'll Do It For Half（邦題『お安いご用！』）』を発表した。

「時代を代弁する〝俺たちの〟コメディアンの登場だ！」というMCによるアナウンスとともに舞台

に登場したロペス。本作の中では終始、メキシコ代表のオピニオン・リーダーとしての顔にとどまらず、あくまでもパン・ラテン系のリーダーとしての語りを披露する。そして一時間の公演は、ラティーノの暮らしに根ざした「あるあるネタ」がふんだんに盛り込まれた構成で、その芸風はデビュー以来四〇年間変わらない。

だが、時折シリアスに、ロペスは客席に向かって語りかける。「本来はこの国はもっといい国のはずだ。でも今、自分のいて欲しくない誰かが、自分のいて欲しくない場所にいる、それだけの理由で警察を呼ぶ奴がいる。他人事に首をつっこむのはもうやめにしよう。みんなが自由にしていればいいじゃないか！」

「自由」を求め、移民としてやってきたはずの「夢の国」アメリカ。それが今、これほどまでに住みづらくなってしまったことをロペスは心底憂いている。そして最後に客席をじっと見回し、こう締めくくった。「いいか！　ブリトーの豆のたったひと粒でもむげにすると、ブリトー全体を敵に回すことになる」

ヒスパニック文化を象徴する料理であるブリトー。そのレシピはアメリカ国内で独自の発展を遂げてきた。米や肉、野菜や豆などの多くの具材がそれぞれのよさを引き立て合いひとつの料理として今日まで愛されている。

「ヒスパニック」とひとくちに言っても多くの人種が混ざり合い、それぞれが個性を織りなしながらアメリカという大きな国で生活している。トランプ政権のおこなってきたヒスパニック排除は全世界のラテンコミュニティを敵に回すという警鐘にも聞こえた。ヒスパニックという「ブリトー」に団結を促す、「俺たちの」ジョージ・ロペスの言葉には独特の重みと力がある。

この公演から二年が過ぎたなお、フロリダ州やテキサス州の知事は、不法移民たちをバスや飛行機に乗せ、北部のリベラルな州へと送りつける措置を取り続けている。

二〇六〇年、アメリカでは白人に変わり、ヒスパニック系がマジョリティになるとも予測されている。

アジア系の台頭

二〇二〇年におこなわれた国勢調査によると、アメリカ全土でアジア系人口が占める割合は七・二%だった。この数字は二〇〇〇年の三・六%、二〇一〇年の四・八%と比較しても、大きく増加していることがわかる。実際、伸び率を見てみると、アジア系の増加率は全人種の中でもっとも高い数値となっている。

このように人口動態から見ても、その存在感が増しているアジア系。アメリカの近年のエンターテインメントを見ても、その勢いには特筆すべきものがある。BTSの全米レベルでの成功や、映画『クレイジー・リッチ!』にマーベルの『シャン・チー』など、例をあげれば枚挙にいとまがない。スタンダップコメディに目を移しても、アリ・ウォンやジョー・コイなど、近年のアジア系の活躍は見逃すことができない現象だ。

しかし、アメリカのメインストリームの文脈で、このようにアジア系が可視化されるまで、言い換えれば「市民権」を得るまでの道のりは長く険しいものだった。古くは、一九世紀の時点ですでに、ミンストレルにアジア系のキャラクター「ジョン・チャイナマン」が登場しているが（もちろん白人俳優によって演じられていた）そうしたポップ・カルチャーの中で構築されたステレオタイプに、以後苦しめられることにもなる。

「アジア系」がこれまでどのようにアメリカ国内で表象されてきたかという、あまりにも壮大なテーマを本書で網羅することは叶わないが、それでも先述の「モデル・マイノリティ」しかり、アメリカ社会に「同化しえない存在」として、われわれは認識されてきた。

今、ここであえて「われわれ」と述べたのは筆者自身、アメリカに暮らす「アジア人」としての認識を強く持ち合わせているからである。日本で生まれ育ち、海外に暮らしたことなどなかった私にとって、自らのアイデンティティは「日本人」に他ならなかった。しかし二〇一三年の渡米以降、社会において「アジア人」という枠組みに当てはめられることを否応なく理解し、その上で「アジア系」としての自覚が自身の中に明確に芽生え出すことになる。

そして、この「アジア系」としての視点の欠落が、日本国内におけるエンターテインメントの大きな特徴のように感じられる。「欠落」というとネガティヴな用語に聞こえるかもしれないが、私自身、それ自体も日本の社会の「個性」と捉えることにしているため、他意はない。

たとえば、アジア系のキャストとスタッフという意図した布陣で製作された先述の『クレイジー・リッチ！』の事例から考えたい。

二〇一八年公開の本作は、初週から週末興行収入一位を獲得すると、最終的に興行収入二億ドル以上を叩き出す大ヒットを記録した。ハリウッドにおけるアジア系の少なさを憂慮したアジア系実業家たちが「#GoldOpening」と呼ばれるキャンペーンをSNSで展開し、支援を募ったことも大きな役割を果たした。こうして集まった資金を用いて、各地でプレミアの無料上映会がおこなわれ、それが全国ニュースとして流れたことは大きな宣伝としても機能した。詰め掛けた観客は、「同胞」の俳優たちが大画面で輝く様子に興奮した、と報じられた。

また、出演する俳優陣も単一のエスニシティにとどまらないアジア系であることは強調に値する。主演のコンスタンス・ウーは台湾系、ヘンリー・ゴールディングはマレー系、そして脇を固めたオークワフィナも中国系と韓国系にルーツを持つ。

このようにパン・アジアとして打ち出された映画を、パン・アジアな実業家たちが積極的にサポートし、アメリカ国内のアジア人コミュニティ全体で享受したという構図は興味深い。アジア人の、アジア人による、アジア人のための映画が、計画通りメインストリームの白人層にもクロスオーバーして受け入れられたのは、同年公開の『ブラックパンサー』と類似している。アジア系のユナイトという意味においては、先述のジョージ・ロペスの「パン・ラテン」としての姿勢とも重なるのではないか。

翻って、日本公開に際し本作は、原題『Crazy Rich Asians』における「われわれアジア人の」という「Asians」の箇所が削除され『クレイジー・リッチ！』と題されたことは示唆に富む。「同胞」がついに銀幕で輝くという歓喜の文脈は、希薄なアジア人意識のもとでは成立せず、当然のことながらマーケティング的な観点で見ても、削除の対象となった。本作は日本国内において、ユナイトされたアジア系というアイデンティティを意図的に剝奪され、アメリカ発のスタイリッシュなラブコメ作品、として宣伝されたのだ。ワーナーの公式サイトの紹介欄には「全米三週連続一位！　クレイジーに！　ゴージャスに！　女同士のバトルを勝ち抜け！　全世界の女子が共感する現代のシンデレラストーリー！　私の彼はスーパーセレブ、愛しているだけじゃダメみたい」という文句が並んでいる。

話をコメディに移そう。『クレイジー・リッチ！』には、現在アメリカで活躍するアジア系スタンダップコメディアンが数多く出演している。ケン・チョン（韓国系）やロニー・チェン（中国系マレーシア人）、ジミー・O・ヤン（中国系）である。年長ですでにキャリアのあったケン・チョンと比較すると、チェンやヤンの出演は抜擢とも言える。この二年後にそれぞれネットフリックスとアマゾン・プライムでスペシャルをリリースする二人にとって本作への出演は大きな転機となった。

コメディ・セントラルの政治風刺番組『ザ・デイリー・ショー』のレポーター役で人気に火がついたロニー・チェンはマレーシア生まれの中国系だが、スタンダップコメディアンとしてのキャリアは大学時代を過ごしたオーストラリアでスタートさせている。アメリカに拠点を移したのち二〇二〇年にリリースしたスペシャル『Asian Comedian Destroys America!（邦題『アメリカをぶっ壊す！』）』では一貫して、中華系としてではない「アジア人」としてのジョークを投げ続けた。彼が舞台に登場する際の入場曲として選んだのが、第二次大戦中にアジア全域の歌姫として活躍した李香蘭《リー・シャンラン》（山口淑子）の《夜来香》だったことも示唆的だ。

そして、印象的なのは、中盤、語気を強め客席に投げかけたあるジョークだ。「この国（アメリカ）にはもっとアジア人が必要だ。だって唯一の公正な審判だから。君ら（白人と黒人）が僕ら（アジア人）のことなんて気にも留めないのと同じで、僕らだってどちらのこともどうだっていい。だからなんの偏見もなく公正にジャッジできるんだ」

溝の深まる、人種間の対立に、ある種オブザーバーとしてそれを客観視する「アジア人」の視点が込められたジョークは、多くの人種で混ざり合うその日の観客にも大きな笑いを呼んだ。

その上でチェンはこう続けた。「この国にはアジア人の大統領が必要だ。僕らがホワイトハウスに入ったら一週間でどんな問題も解決できる。アジア人には物事が順調に進むことが一番だからね。テキパキ働いてみせるさ」

決して同化しえない永遠の「外国人」という像を用いながら、巧みにアメリカの現在の分断を客観視するジョークへと展開し、最終的には勤勉なアジア人というステレオタイプを再生産したオチへと繋げてみせた。こうした一連のジョークは、アメリカという国を母国にしない、ある種無国籍的な「アジアの」コメディアン、ロニー・チェンという人物の口から語られることによって、そこに真実味と妙な説得感が付与される。

そして、それはまさに本作のタイトル『Asian Comedian Destroys America』が表すところでもある。Destroyは「破壊する」の他に、コメディ用語で「爆笑を取る」の意味だ。アジア人のコメディアンが、まさにアジア人の視点が投影されたジョークでもって、アメリカの固定観念を壊し、爆笑させるという偉業を成し遂げたのであった。

「勤勉で、おもしろみのないアジア人」という像は、これまでまるで呪縛のようにアジア系の表現者にまとわりついてきた。八〇年代後半に一斉を風靡した日本人スタンダップコメディアン、大槻珠代（TAMAYO）も過去のインタビューで「自分が変えたかった一番の日本人のステレオタイプは、〝つまらない〟というもの」だったと語る。

チェンが可視化させたアジア人の視点と、それにより起こる笑いによって、「つまらない」というステレオタイプそのものの「破壊」は、今後私を含めたアジア系コメディアンがアメリカで活躍する契機になるのでは、というささやかな勇気になった。

ちなみに二〇二二年に同じくネットフリックスからリリースされた、チェンのスペシャル二作目『Speakeasy（邦題『ここだけの話』）』では一転して、中華系としてのアイデンティティを全面に強調している点で興味深い。

ニューヨークのチャイナタウンのレストランで収録された本作。オープニングには上海出身の歌手、姚莉《ヤオ・リー》の楽曲が使用された。

「チャイナ・ウイルス」という語の浸透とともに、アジアンヘイトが頻発していた時期に、チェンは中国系としての属性をより前に押し出すことによって、この問題に取り組もうとした。白と黒の分断における「オブザーバー」だったアジア人は、いつの間にかアジアンヘイトにおける「当事者」になった。それに伴い、チェンも広く「アジア人」という立場から、より当事者性を帯びた「中国系」へと自身の立場を転換させている。

社会全体に生じたアジアンヘイトという悲劇は、確実にそれぞれのアジア系コメディアンの言辞に変化をもたらした。それはまさに、アジア系が組み込まれてこなかったそれまでの白と黒の分断の社会で、差し迫った当該者になる中で生じた変化だった。

ついにわれわれアジア系のコメディアンにも、社会のうねりの只中にいる張本人としてのジョークが求められる時代がやってきたのである。

中絶へのアクセス

女性の権利をめぐっても、差し迫ったテーマがアメリカを覆っている。

二〇二二年六月、連邦最高裁判所は人工妊娠中絶の権利を認めた一九七三年の判断、いわゆる「ロー対ウェイド判決」を破棄した。これにより、中絶を認めるかは各州の判断に委ねられることになり、南部を中心とした保守的な州では、女性の中絶へのアクセス権が完全に奪われる形となった。

二〇二二年よりも以前から、その予兆は感じられていた。

近年、キリスト教原理主義の人びとが多く住む南部や中西部では、教義に反する人工妊娠中絶を禁止にする州法を定める動きが見られてきた。たとえばアラバマ州では二〇一九年、胎児の心音が聞こえてから（約六週目以降）の堕胎を禁ずる州法、いわゆる「ハートビート法」が定められた。この法律は、たとえレイプなどによる望まない妊娠であっても中絶は許されないほか、その手術を執刀した医師にはレイプ犯よりも重い禁錮九九年が課されるというものだった。アメリカは先進国の中で、未婚の一〇代の母の数がもっとも多いことでも知られており、彼女たちの貧困、育児放棄などが大きな社会問題になっている。

これまで、最高裁の「ロー対ウェイド判決」が最終的な憲法判断の根拠となり、上記の州法も訴訟で差し止めることができるため、中絶賛成派にとっては一種の「砦」として機能してきた。

そもそも最高裁は、大統領に指名された九人の判事による合議制で最終的な憲法判断をおこなうが、判事に任期はなく、基本的には終身制である。そのため、引退や死亡などによる欠員が生じた場合、現職の大統領が新たな判事を指名する。その結果、二〇二二年の段階での内訳は、共和党の大統領に指名された保守六人に対し、民主党の大統領に指名されたリベラルは三人。つまり保守寄りの憲法判断がなされうる状況であった。こうした中で、保守は悲願の「ロー対ウェイド」の破棄が、より一層の現実味を帯びてきていることを悟っていた。ちなみに胎児の命を優先し、中絶に反対する考えのことを「プロ・ライフ」、逆に女性の選択の自由を優先し、中絶に賛成する考え方を「プロ・チョイス」と呼ぶ。

「プロ・ライフ」の人びとが多数派の州では、最高裁が「ロー対ウェイド」を破棄した段階で、自動的に州内でも直ちに中絶を全面的に禁ずる州法を適用させる「トリガー法」が整備されるなど着々と準備が進められていた。

こうした状況の中で、多くのコメディアンが、女性の生殖の権利と、選択の自由のために立ち上がった。当然、女性コメディアンの活躍が顕著であり、ニッキー・グレイザーやエイミー・シューマー、サラ・シルヴァーマンにチェルシー・ハンドラー、ホイットニー・カミングスにケイト・マッキノンと今の時代に第一線で活躍するコメディアンたちが先頭に立って抗議の意を示した。

もちろん、こうした抗議の根底にはフェミニズムの浸透が作用している。

たとえば、上記のニッキー・グレイザーはこれまで一貫してフェミニストの立場からマイクを握ってきた［写真4-7］。その芸風は、むき出しの言葉で繰り広げられる下ネタが特徴で、自身の性の体験談をも赤裸々に舞台上で語ってみせる。性の解放が進んでいるように思われがちなアメリカでも、女性がセックスについてオープンに語れるようになった歴史は浅い。近年のキャンセル・カルチャーの影響で、シーン全体として過激な言説が縮小傾向になる中で、女性コメディアンたちは、以前よりむしろその過激さを増している印象が強い。

元来、男性が多数を占めていたスタンダップコメディ界。「女性だから」これを言ってはいけない、言うべきではないという偏見に満ちた批判に対して、これまでグレイザーをはじめとするコメディアンたちは、女性の立場からあえて積極的に下ネタを言うというひとつの打開策を示してきた。実際、彼女たちの大胆で正直な姿勢が多くの女性を勇気づけてきたし、女性コメディアンの多くが今も「フェミニストの象徴」と位置付けられている。

二〇一九年にリリースされたネットフリックスのスペシャル『Bangin'（邦題『好きにヤッちゃえ』）』の中でもグレイザーは、下ネタにまぶしながら、女性の「チョイス」を訴え続ける。「自分たちの〝チョイス〟で中絶ができないなんてどうかしてる」

女性の観客も多く詰め掛ける客席に向かって彼女が語りかけると、この日一番の大きな拍手が浴びせられた。当時、専門家の中には本作を批判的に評する意見も少なくなかった。おもだった意見としては、ただ品のない下ネタを言うことでは、およそ男女の平等は結実せず、女性の権利向上にも何ひとつ繋がらないというものだった。おそらくグレイザー自身もそうした批判は百も承知であろう。しかし、歴史的にもきわめて男性偏重のスタンダップコメディ業界において、一五年以上のキャリアを積み重ねた彼女が、おそらく今尚感じる見えない偏見に対し、下ネタとともに「声」を届けるという「チョ

写真4–7　ニッキー姐さんことニッキー・グレイザー。テイラー・スウィフトに「痩せすぎ」と言い放つものちに謝罪し、和解。Walkup Song（出囃子）にはテイラーの楽曲を使用！　若手にも優しかった

イス」をしたのなら、私はそれを支持したいと考える。

舞台上での女性の勇気ある発言は、男性のアーティストにも影響をあたえた。最高裁が「ロー対ウエイド」を覆す予定である草案がリークし、全米に衝撃をあたえた週の『サタデー・ナイト・ライブ』でホストを務めたイギリス人俳優のベネディクト・カンバーバッチはオープニングで、胸に判決の出た年である「１９７３」と書いたＴシャツを着て登場し、あらためて「プロ・チョイス」の立場を明らかにした。


二〇二二年一二月三一日、ニューヨークで四〇年にわたってトップクラブのひとつとして君臨してきた「キャロラインズ・オン・ブロードウェイ」がその歴史に幕を閉じた。一九八二年にチェルシー地区にオープンすると、一九九二年にはタイムズスクエアに移転。治安のさほどよくなかった同地区のシンボルとして、街の発展も見届けてきた。

女性オーナーであるキャロライン・ハーシュはオープン当時の様子をこう振り返る。「当時は女性コメディアンの数なんてわずか五％。女にコメディなんて無理って言われていた時代だった。ましてやクラブの経営ってことになるとほぼ皆無だった」

二〇二三年現在、私の身を置くシカゴのシーンでは、全体の約四〇％が女性コメディアンである。

他者への〝いじり〟と自虐

二〇二二年三月二七日、第九四回アカデミー賞授賞式で衝撃的な事件が起きた。

プレゼンターを務めていたクリス・ロックが舞台上で、その年主演男優賞を受賞するウィル・スミスから平手打ちされたのだ。世界中に生中継されていた「映画の祭典」での一件は、この年に受賞を果たしたどの作品よりも強烈に、人びとの心に記憶されることになった。

この夜、プレゼンターとして登壇したロックは、もはやオスカー恒例ともなっているコメディアンによる「セレブいじり」を披露した。そしてその矛先は俳優ウィル・スミスの妻であるジェイダ・ピンケット・スミスに向かう。

そもそもロックとジェイダには前段があった。「#OscarSoWhite」に湧き、多くの黒人俳優が式への参加をボイコットした二〇一六年、スミス夫妻もこれに乗じ不参加を表明した。前述の通り、この年オスカーの司会を務めていたロックは、オープニングで、「ジェイダ・ピンケット・スミスが授賞式をボイコットするのは、俺がリアーナの下着をボイコットするようなもんさ。そもそもお呼びじゃないんだ」とこの年映画の世界で目立った活躍のなかったジェイダを痛烈に皮肉ってみせ、会場の笑いを誘った。

それをうけての二〇二二年。ロックは、再びのジェイダいじりを披露した。「君が『GIジェーン』

（一九九七）の続編に出るのが待ちきれないよ」

近年、脱毛症に悩み、丸刈りにしていた彼女の容姿（と病気）とデミ・ムーア扮するヒロインが海軍特殊部隊に入るべく丸刈りにするシーンで有名な映画を結びつけたこの発言。ジェイダはすぐさま不快な表情を浮かべた。すると、隣に座っていた夫のウィル・スミスは憤慨。壇上へと歩みを進めると、ロックの左頬へ強烈なビンタを喰らわせた。そして客席へ戻ると、大きな声で「Fワード」を用いて「俺の妻の名前をお前のその汚ねえ口から二度と発するな」と叫んだ。

会場の多くが、手の込んだドッキリかと思ったが、ウィル・スミスが放送禁止用語を用いたことにより、その深刻さを理解した。生中継していたＡＢＣも至急放送の一時中断を余儀なくされた。

直後から、メディアではこの一件に関する議論が加熱した。さまざまな立場の人びとが、さまざまな視点から、双方への批判や擁護などを展開し、エンターテインメントの枠組みを超えて連日激しい意見を交しあった。

私にも日本のテレビや雑誌から「スタンダップコメディアンとしてこの件をどう考えるか」という取材依頼が舞い込み、ちょっとした「特需」を迎えたことを覚えている。

本項では、この件を起点にしながら、他者に対する「いじり」のジョークを考察し、近年のコメディ界で叫ばれる「傷つけない笑い」の意味、そして言論の自由にまで議論を展開できればと思う。

ボディ・シェイミングとボディ・ポジティヴィティ

まず、現行のアメリカのコメディにおいて、他者の容姿をあげつらい、笑いのネタにする行為は、前時代的とみなされ、タブー視されていることを強調したい。五〇年代のナイト・クラブで中心だった芸は、多様性を重んじる今日においては時代遅れで「Offensive」なものでしかない。

そして、これは何もコメディに限った話ではない。八〇年代後半以降、メディアや教育の現場では、他者の容姿を自分のものさしでジャッジし、それに言及することが批判的に捉えられてきた。

こうした発言は「Body Shaming（ボディ・シェイミング）」と呼ばれ、日常会話においても、相手の尊厳を著しく傷つける行為として、忌避されている。

筆者自身は二〇一三年の渡米前に、留学生として日本に来ていたアメリカ出身の友人から、このボディ・シェイミングの考えをはじめて聞かされたが「たとえ、よかれと思って発した「顔ちっちゃいね」という発言でさえも、それは自らの価値基準での物言いであるため、相手に不快な思いをさせる可能性があり、細心の注意が必要」という箇所は強く印象に残っている。渡米後も、思い出せる限り、日常会話で体型についての「いじり」を受けたことはない。今アメリカにおいて、他者の体型にコメントをすることが大きなリスクとなっている。

おそらくその背景に横たわるのは、「肌の色や髪の色、目の色や体型が異なる人びとがそれぞれの「個性」を織りなし構成される理想郷、アメリカ」という語りとは裏腹に、見た目の異なる「他者」を伝統的に揶揄し続けてきた歴史へのアンチテーゼだろう。五〇年代のコメディのシーンだけではなく、人種にまつわるステレオタイプ的なものから、ジェンダーに由来するものまで、長きにわたりボディ・シェイミングが多くの人びとの心に傷を負わせてきたことは確かだ。ダイヴァーシティ化が叫ばれる今日の社会においては、「身体の多様性」の希求の潮流が確実に見て取れる。

そして、反ボディ・シェイミングの流れは近年、どのような体型であっても、自分自身の身体に誇りを持って生きようという「Body Positivity（ボディ・ポジティヴィティ）」という概念へと発展を見せている。太っていようが痩せていようが、背が低かろうが高かろうが、たとえ傷や欠損、不自由な箇所があろうが「ありのまま」の身体を讃えよう、というこの考えは、たとえばふくよかな体型の「プラスサイズ・モデル」のブームにも起因した。フォトショップを使用して引き締まった体を捏造することに異を唱えるハッシュタグがSNS上に溢れ、それまでは当たり前だった「加工」を禁ずる雑誌まで登場している。著名なアーティストもこれらの運動に賛同し、テイラー・スウィフトやビリー・アイリッシュ、リゾが発言したことも記憶に新しい。もちろんコメディ界でもボディ・ポジティヴィティを高らかに宣言する事例が目立つ。

二〇二〇年にネットフリックスからリリースされたトム・パパの『You're Doing Great（邦題『人生あっぱれ！』）』はまさに身体の多様性を意識的に強調した作品だった。もともとクリーンな芸風で知られたトム・パパだが、本作ではより一層包み込むような語りで、客席に向かって何度も、「ありのまま」でいることの重要性を説いてみせた。ありのままの自分に誇りを持ち、誰かに必要とされていることを自覚すべきだ、と。「君が太っていようが気にしなくていいんだ。デブで何が悪いのさ。自分を受け入れるだけさ」

SNSなどで誰もが自分のよい部分だけをひけらかし、承認欲求を満たせる時代。他者と自分を比べて卑屈になってしまうことも少なくない。誰かの鍛え抜かれた体や、ファッションモデルのようなプロポーションの写真を見て落ち込む必要などない、と彼は言う。

しかし一方で、こうして「ありのまま」に生きることは、これまで批判にも晒されてきた。「ミレニアルズ（一九八三年から二〇〇〇年生まれの世代）」以降、学校教育は多様性を認め、個性重視の方向へとシフトした。日本における「ゆとり世代」をイメージすればわかりやすい。日本と同様に、当然こうした教育の変化に対し、とくに年長の世代からの厳しい声も聞かれた。ミレニアルズには、「ありのままでいいと甘やかされた結果、向上心を失った世代」という批判的な言説がついて回った。とりわけ、「ブーマー」と呼ばれる、一九五〇年から一九六四年までのベビーブームに生まれた世代と、ミレニアルズの世代間軋轢は近年のアメリカ社会を象徴する「分断」のひとつとして可視化されている。二〇一九年以降、ティックトックをはじめとするネット上で、若者がブーマーの「古臭い」価値観を嘲笑する「OK Boomer（はいはい、ブーマーさん）」という文言が流行したが、その背景にはこうした世代間対立が存在している。

先述のトム・パパは実際、二人の子供の父でもある。ミレニアルズやZ世代に当たる我が子を育てながら、幅広い世代のファンに向かって、タイトルの通り「You're Doing Great.（君はよくやっているよ）」

と繰り返す姿が印象的だった。

いずれにせよ、アメリカの「新しい世代」にとって、こうしたボディ・シェイミングやボディ・ポジティヴィティという考え方は、長年の議論の積み重ねを経て、学校教育をはじめ、共同体の中で幼い頃から刷り込まれたものであることは強調に値する。


現在、コメディ・クラブでも他者の容姿をいじるジョークはほとんど見られない。友人や家族の体型を揶揄する語りがオチになるネタはクリエイティヴではないとみなされるし、客いじりの場合でも、客の容姿を直接的にいじれば、会場中からブーイングが起こることもある。現代の客いじりは、コメディアンが観客に対して質問を投げかけ、対話をおこない、その会話から何かネタにできるヒントを探していくという手法が主流となった。せいぜい客の「Style（衣服や着こなし）」について言及するのが一応の「ライン」とみなされている。

日本でも、これまで盛んにおこなわれてきた、いわゆる「ハゲいじり」や「ブスいじり」が今テレビの世界から消えつつあるという記事をよく目にする。お笑いの分野でも、その担い手たちが時流にフィットすべく、自身の「アップデート」を必死に試みる苦悩が吐露されていた。受け手の立場としても、果たして今、容姿いじりのネタに笑っていいのかという葛藤や混乱を抱えている読者も多いことだろう。

私自身も何度か日本の媒体から「日本のお笑いにおける容姿いじりについてどう思うか」という質

問を受けた。メディアが私に期待する回答としては、アメリカに拠点を置くコメディアンの視座から、日本国内のお笑いに「正しさ」と「改善」を求めるというニュアンスだったのかもしれない。もちろん、ボディ・シェイミングの笑いを肯定していないことはあらかじめ強調したい。しかし、日本のお笑いとアメリカのスタンダップコメディに優劣をつけたり、ましてや日本のシーンに身を置かない、いわば「部外者」の立場から、それこそ自らのシーンのものさしで提言をおこなうことは、むしろ暴力的な気がしてならない。

ユーモアがきわめてローカルなものであるという見地は、世界中を公演する中で自らの肌で感じてきた。日本には日本特有の笑いがあるべきで、それはおそらく長い歴史の中で、社会とともに育まれたものであるに違いない。そしてコメディはいつの時代も、社会を映し、その変化とともに形を変えるからこそ、その時々で生じる葛藤や問題に際し、成熟した議論の末に、そのあり方も変容するのが自然な流れといえる。

そしておそらく、日本においては、こうした議論の始点の曖昧さこそが、演者と視聴者を「混乱」に陥れている主たる要因なのではないだろうか。

SNSやメディア上にて「先進的」で「グローバル・スタンダード」と提起された価値観に基づき、テレビの中のコンテンツがいわばトップダウン方式で急激に変容することが求められているが、その変化は、演者やシーン内部からの声によって生じたというよりはむしろ、テレビの製作者や、スポンサー企業などの外圧によって強制的にもたらされたもの、という感覚を人びとに植えつけている。闇達な議論が繰り返された上での自主的な変容でもないがゆえに、演者側は自らを時代の「検閲」の殉教者と見なさざるをえない。受け手側も、何かしらの外圧によって、「笑う」という身体の反応の権利を剥奪されたと考える不自由な感覚を覚える者も少なくないだろう。

先述のとおり、アメリカにおける反ボディ・シェイミングの流れは、決して一朝一夕のものではなく、他者への差別の歴史とその反省、それに伴うシーン内部からの自浄作用に基づいて形作られたものである。

繰り返される議論と摩擦の末に、まさに社会の変化と地続きに形を変え続けてきた姿が今のシーンとなっている。

その始点が内部からの取り組みか外圧かはさておき、近年、こうした反ボディ・シェイミングの流れが日本の笑いのシーンにも到来し、結果的に議論の契機となったこと自体は、私自身好ましいと考える。議論の成熟と積み重ねの先にこそ、その国、共同体の笑いの本当の「アップデート」が待っているし、先人たちの試行錯誤の繰り返しが、コメディの歴史を作ってきたことは言うまでもない。アメリカでも、今なお現在進行形で議論がおこなわれ、それに伴いコメディも形を変え続けている。

自虐ネタはアリかナシか

では、「他者」の容姿いじりがバッシングされる風潮の今日において、自らの容姿を「自虐」するジヨークも批判の対象となるのだろうか。

二〇二一年四月、日本の人気お笑いトリオ、三時のヒロインの福田麻貴が「自虐ネタ」に言及したことは興味深い。女性三人がそれぞれ自身の容姿を自虐的に表現することを武器のひとつとして活躍してきた三時のヒロインだが、その中心メンバーである福田は、自身のツイッター上で、その封印を宣言したのだ。多くの番組に引っ張りだこの人気芸人が、自身の芸のひとつを放棄する選択をしたとあって、この発言は当時業界内外で大きな反響を呼んだ。

直後フジテレビ『ワイドナショー』に出演した福田は自身の発言の真意について、「(容姿の自虐ネタに関して)今、芸人と視聴者の間にねじれが存在している」と説明した。つまり、芸人が「ウケる」ために、自身の容姿を自嘲しても、それが昨今直接的な笑いに結びつかなくなっている、という主張である。これには、先述の容姿いじり規制の風潮や、受け手の混乱も影響しているのかもしれない。

一方、当時司会を務めていた松本人志は、「(芸人側が、そのねじれに対し)絶対に一歩も引かずにやり続けるっていうやり方もあるんちゃうかな」と意見を述べた。

放送直後、視聴者からは福田と松本、どちらの意見に対しても賛否が寄せられ、それらの意見は、自虐ネタそのものの是非をめぐる議論にまで発展した。中でも、自虐ネタに反対する人びとの、「芸人が自分自身のコンプレックスを笑いにすることで、同じコンプレックスを抱いている人が傷つく恐れがある」という意見が目立った。

私自身は、この一件を、ネットニュースを通して遠く離れたアメリカから知ることになったが、最前線で活躍する演者が自虐ネタに関する自身の見解と今後の選択を明確にメディアで語ったという点で意義深く感じた。その上で、自身が身を置くアメリカの事例と照らし合わせ、スタンダップコメディアンとしてのあり方をあらためて考察する契機になった。

他者に対してのボディ・シェイミング・ジョークが忌避される二〇二〇年代のアメリカのコメディ・シーンにおいて、むしろ容姿の自虐ネタは驚くべきほどに一般的と言える。自虐ネタ自体は、英語で「Self-Deprecating Joke」と呼ばれるが、その多くが自身の容姿を笑いにするものだ。

本書執筆にあたり、二〇二三年一月私自身が出演するシカゴのショーケースで、どれくらいのコメディアンが自虐ネタ、とりわけ容姿に関するジョークをかけているかを数えてみた。一カ月間で三八本のステージに出演し、のべ二八四人のコメディアンと舞台をともにしたが、そのうちの実に二二五人が何かしらの容姿自虐をネタに盛り込んでいた。割合で考えてみても、約八〇%弱にのぼることになる。一部例を紹介しよう。

「僕はこうして太っているけど、実はヴィーガンなんだ。ヴィーガンなのに太るわけないって思ってる？　野菜にたっぷりはちみつをつけて食べるとこうなるんだよ」

「この前、ショーの後お客さんのひとりに「きみはスカーレット・ヨハンソンに似ているね」って言われたの。だから言い返してやった。「私の胸をよく見てごらんなさい。コリン・ジョスト（ヨハンソンの彼氏でコメディアン）と同じサイズなのよ」って」

「俺は、黒人なのにペニスが小さいから、アイデンティティを喪失した気になっちまう。それって

（客席のアラバマ州出身の白人観光客を指して）あんたがバイデンに投票しちまうのとおんなじぐらい、クレイジーなことなんだ」

ここでは自虐ネタのうち、とりわけ手短に紹介することのできるものを選んだが、こうしたジョークに観客は大きな笑い声をあげた。そして彼らの多くが、コメディアンのこうした自虐ネタに笑うことにためらいなどないように映る。終演後、何人かの観客に以下の質問をしてみた。

「日本では近年、自虐ネタに笑いづらくなっている風潮があるのですが、今日のネタに心から笑えましたか？」

「アメリカで自虐は一番の武器」

五〇代男性からは「笑ったね！　だってこの国で自虐は一番の武器だから！」という回答があった。

「一番の武器」とはどういうことか。まずはアメリカという国の成り立ちの特異性を、移民の立場から考える必要がある。

多くの移民が集まり合い成立したこの国では、伝統的に、まずは相手への敵意を持ち合わせていないことを表明するコミュニケーションが重要視されてきた。つまり、得体の知れない文化的、人種的な「他者」に対し、「私はあなたの敵ではないですよ」といわば自らのガードを下げ、警戒心を解くことこそが、会話における第一歩であったのだろうと推察される。そのような局面で、ユーモアこそがもっとも効果的なツールとして機能してきたことは容易に想像できる。そして自身のガードを下げる際に、自虐ネタが用いられてきたことはこれまでのコメディの歴史からも明らかだ。自身のコンプレックスをジョークとしてさらけ出し、笑わせ（ようとす）るおこないは、これから友好関係を築いていく意思があるという最大の表明だったに違いない。「アメリカにおいては自虐が一番の武器」という先ほどのコメントにもそのような意味が内包しているように思える。

自虐の要素が、自身の人種にまつわるステレオタイプに及ぶのか、自身の体型に及ぶのかという違いこそあれど、こうした「弱み」を積極的に見せるコミュニケーション手段は、多様な人びとが暮らす社会においてはより有効かつ不可欠だろうと私自身肌で感じる。

その上で、近年、とりわけ自身の人種的ステレオタイプを自虐するジョークがコメディシーンにおいて急激に減少している事象は示唆に富む。

これまで、ユダヤ系も黒人も、そして多くの移民たちもが自身のエスニシティを強調し、自虐ネタを投じてきたことは繰り返し本書で述べてきた。それは、社会的な迫害が色濃く残る中、差別を笑いに昇華し、跳ね返そうとする先人たちの偉大な試みでもあった。彼らは、ステレオティピカルな「ザ・ユダヤ人」「ザ・黒人」に「擬態」し、いくつものジョークを残してきた。しかし時が流れ、多様化が叫ばれる中、自らのエスニシティや出自に誇りを持ち、自らの視点で語ることができる時代が到来したのかもしれない。

私自身、過去にはアジア人や日本人としてのステレオタイプを用いたジョークを舞台上で喋り、笑いをとってきた。目の細い身体的特徴や、勤勉で働きすぎるといった典型的なイメージをそのままオチにしていたこともある。実際、アジア人としてのペルソナや、日本人のペルソナを用いて舞台に上がれば、思いのほか容易に笑いを生み出すことができた。しかし、舞台を降りた後、毎度のごとく、ある葛藤に苛まれたのもまた事実である。これらのネタには「Saku Yanagawa」という人格は込められておらず、このようなネタを披露すればするだけ、ステレオタイプを助長してしまうのではではないか、と。二〇二一年にはコロナ禍でアジアンヘイトも起こった。否が応にもアジア人であることの意味を考えることになった。そしてそれ以来、私は誰かに「擬態」した上で、ステレオタイプを自虐するネタとは決別した。

きっと、誰かに「擬態」しなければいけない時代は終わった。多様性が認められる世の中は、マイノリティであることが「弱み」にもなりえない。今、われわれスタンダップコメディアンは、私たち自身として舞台に立ち、自らの視点を述べることのできる時代を生きている。そしてそれは言い換えると、どんな人種でも、どんな国籍でも、そしてどんな体型でも、自分自身として語ることが求められている時代なのである。

「コンプレックスを笑いに」

二〇代男性からは「僕も最近太ってきてるのがコンプレックスなんだけど、今日のショーはとても楽しかったよ。誰しもコンプレックスはあるけれど、それをシェアして、笑ってくださいっていう姿勢を見せてきてるんだ。それも自らがコンプレックスを打ち明けて。攻撃されたっていう風には少しも感じなかったよ」という回答があった。

先述のように、アメリカではボディ・ポジティヴィティの考えの広まりとともに、どのような体型でもそれに誇りを持とうとする価値観が流布してきた。舞台上でたとえコメディアンが自身のコンプレックスを吐露しても、その根底には自尊の念があることは観客にも共有されている。

私自身も、もちろん今の自分の体型に満足していない。もっと痩せたいし、筋肉量も増やしたいし、背ももっと高い方がよかったと心の底から思う。コンプレックスも絶えることはない。それでも、自分は自分であるし、その身体とともに生きていく（しかない）という姿勢で、ジョークにして笑わせたいと思い舞台に立ってきた。

おそらく、観客もひとりひとりがそれぞれにコンプレックスを抱えて生きている。私と同じ悩みを持つ者もいるだろう。それでも、彼らだって自分自身になんだかんだ誇りを持っているという前提があるからこそ、私自身も安心して舞台上で体型を自虐できる。

ボディ・ポジティヴィティが広まれば広まるほど、そして深く浸透すればするほど、観客はコメディアンの容姿の自虐に心から笑うことができるし、コメディアンも安心して自虐することができるのかもしれない。

幸い、私自身、容姿の自虐ネタに対して、ネガティヴなコメントを頂戴したことはない。テレビやネットフリックスでも、容姿の自虐ネタに関してそうした批判が生じた事例は記憶にない。とすれば、長年の議論や摩擦の末に、現在、それほどまでにボディ・ポジティヴィティの考えが人びとの心に行き届いているのかもしれない、とポジティヴに捉えている。

「プロのコメディアン」

最後に、四〇代女性からは別の視点からのコメントがあった。「もちろん。だって、プロのコメディアンが私たちを笑わせに来てるんだから。深い考えを持ちすぎず、私たちは今日心の底から笑ったわ。スタンダップコメディはクリエイティヴじゃなくっちゃ」

最後にプロのコメディアンとしての視座から発言する。

私たちが舞台に立つ場合、その第一の目的はほぼ例外なく「観客を笑わせること」にある。その目的を達成するために、下ネタや人種に言及したネタをおこなう可能性もあるし、自虐ネタを用いる場合もある。

自虐ネタの場合、当然ながら、その日の観客に自分は「敵ではない」ことを宣言している。そこには、まず自らがまずガードを下げることで、彼らの警戒心を解いて、心を開かせたいという狙いがある。笑わせたいと切に思うからである。

そして、プロである以上、それを仕事に生きている。もちろん舞台上のジョークは作品だし、それらを生み出すために、日々頭と身体をフルに使っている。ときにギリギリのラインを批判覚悟でついていくことの意義も理解している。だからこそ、無知ではいられまいと、知識を積まなければならない仕事でもある。

私を含めたスタンダップコメディアンたちは、プロとして、自らの仕事と作品に誇りを持って、舞台に立っている。

そんな「敵ではない」「プロ」の私たちが、自らをさらけ出し、誇りを持って喋るジョークなのだから、どうか心のガードを少しだけ下げてみてほしい。私たちは、あなた方がガードを下げたからといって、決してパンチしてもいいとは捉えない。あくまでも、互いが一歩歩み寄り、対話のきっかけを生むために、互いがガードを下げられれば、と願っている。

今、日本でもアメリカでも「傷つけない笑い」という言葉が叫ばれている。無論、努力によって変えることのできない何かを「いじって」傷つけることはしたくない。しかし、プロのコメディアンとして、ただ「当たり障りのない」ことを言うためだけにマイクを握るつもりもない。

つくづく思う。スタンダップコメディはクリエイティヴじゃなくっちゃ。

クリス・ロックとコメディ界の反応

さて、ここであらためて冒頭のオスカーでのクリス・ロックのジョークに話を戻そう。

ジェイダ・ピンケット・スミスの丸刈りという容姿、しかも脱毛症という病をネタにしてしまった点において、ロックの発言は当然のことながらその「ライン」を大きく超えたものであった。一部報道では、「クリス・ロックはジェイダの病気について知らなかった」とあるが、先述のように無知でマイクを握ることはあってはならないし、ましてや相手をいじる場合、とりわけその対象へのリサーチとリスペクトが不可欠となるため、同じコメディアンの立場からでも、このレジェンドのジョークを擁護することはできない。九〇年にメインストリームに登場して以降、その痛烈なジョークで常に時代の最前線をひた走り続けてきた彼だからこそ、今という時代に適用した言辞で会場を沸かせてほしかったというのが本音だ。

しかしながら、前代未聞のアクシデントの中、式を進行するというミッションを達成したことはさすがと言わざるをえない。平手打ちを食らい、場内が騒然とする中で、咄嗟のアドリブで、「今、ビンタされたけど、おそらくこれはテレビの歴史上最高の瞬間だったね」と皮肉で切り抜けた。こうした姿勢には、メディアを含め、世論も一定の評価をあたえた。実際、この年におこなわれたロックのコメディツアーには大きな注目が集まり、チケット代はみるみる高騰し、特需が生じた。直後のボストン公演では、チケットの値段は転売サイト内で一〇〇〇ドルを超える高値で販売され、ロックは満員の観客からスタンディング・オベーションで迎えられた。快進撃は止まらない。二〇二三年三月ネットフリックスは史上初の試みとなる全世界同時ライブ中継作品『Chris Rock Selective Outrage（邦題『勝手に激オコ』）』を配信した。そして、その終盤、ウィル・スミスとの一件をジョークにし、満員の会場を沸かせた。この公演には多くのメディアが概ね好意的なレビューを並べた。

では、一方のウィル・スミスへの世間の反応はいかなるものだったのだろう。ご存知の通り、ビンタの直後より、スミスには業界内外からの痛烈な批判が寄せられた。スミス自身もすぐさま自身のインスタグラムに謝罪文を掲載したが、批判は止まず、数日後には自ら映画芸術科学アカデミーの退会を表明した。進行中であった主演映画も製作の中断が次々に発表されるなど大きな影響が出たばかりか、翌週にはアカデミーからも、向こう一〇年間の「授賞式出入り禁止処分」という制裁が発表された。

普段ならば大きく論調の分かれるアメリカのメディアでさえもこのときばかりは、右も左も、FOXニュースからCNNまでがスミスの暴力行為を非難した。

そもそも、この年の授賞式には随所にウクライナの国旗である青色と黄色が施され、戦争という暴力の否定、そして平和への祈りが捧げられていた。また暴力への抵抗から生まれた「映画」という表現の最高峰を祝う式典でのこうした出来事だっただけに、多くの批判も頷ける。ラッパー「フレッシュ・プリンス」としてマイク一本でキャリアをスタートさせ、ハリウッドの頂点をまさにこの日摑んだ彼が、身体的暴力以外の方法で訴えられなかったのか、ともどかしい気持ちになる。

また、当時ブラックコミュニティからの落胆、怒りの声が多く聞かれたことは興味深い。これまでハリウッド作品における黒人のステレオタイプ化、具体的に言えば「暴力的で荒々しい」イメージに対し、多くの黒人コミュニティが抵抗を示してきた。ウィル・スミス自身も業界の構造的搾取や機会の不平等について声をあげたからこそ、二〇一六年のオスカー授賞式を夫婦揃ってボイコットしたはずだった。しかし、この日、世界中の耳目を集めるイベントで犯したひとつの行動が、長らく映画の中に存在し続けてきた悪しき黒人のステレオタイプを再生産してしまった、という批判が聞かれた。黒人俳優として、自身初の主演男優賞を受賞し、自身にとっても、そしてブラックコミュニティにとっても記念すべき夜。しかし、その日に繰り出した一発のビンタが、これまでスミス自身を含め、多くのブラックコミュニティが積み上げてきた努力をふいにしてしまったという事実はきわめて皮肉だと言わざるをえない。

当時、日本ではウィル・スミス擁護派が多数を占めていたと聞く。実際、ツイッターなどを覗くと、「奥さんが公衆の面前で罵倒されているのだから、彼の行為は勇敢だったと思う」「もちろん暴力はいけないけれど、病気をいじるコメディアンのジョークが許せない」「言葉の暴力に、ビンタで対抗しただけ。ウィル・スミスだけ制裁を受けるのは理不尽」といった意見が目立った。ではいったいこの日米の反応の差はどこから生まれてくるのだろうか。

もちろん日本とアメリカで文化的コンテクストが同様でないばかりか、ウィル・スミスやクリス・ロックというアーティストの知名度や位置付けも異なるため、意見や世論に違いが生じることはある種当然である。無論、どちらかが正しく、どちらかが間違っているということなどないのだが、この反応の差の要因のひとつには、おそらくアメリカにおける「身体的暴力」への切実な脅威が起因しているのではと推察する。

銃による犯罪が後を絶たないアメリカ国内。その被害件数は年々増加の一途をたどる。実は授賞式の一週間前にもロサンゼルスのコメディ・クラブで、舞台上のコメディアンと口論になった観客が激昂し、ポケットから銃を取り出したという事件があった。このとき、たまたま会場に観客として居合わせたマイク・タイソンが事態を収めたという「美談」が各局で報じられていたが、一歩間違えば大惨事になっていた。

もちろん「言葉の暴力」が存在することも承知している。しかしオスカーでの一件を経て、今後舞台上のコメディアンに直接的な暴力を加えようとする観客が増えかねない、という危惧は、このときリアルな不安としてエンタメ界全体に突き刺さった。そしてその不安は的中する。同年五月にはネットフリックスが主催するフェスティバルでデイヴ・シャペルが舞台上に上がってきた暴漢にタックルを見舞われるという事件が起きた。前述のようにトランスジェンダーをめぐるジョークで物議を醸していただけに、その抗議の意味での攻撃かと取りざたされた。

ちなみに、この日すでに出番を終え舞台袖にいたクリス・ロックは暴漢が取り押さえられ退場させられた直後舞台に上がると「あれ？　今のはひょっとしてウィル・スミス？」とジョークを放ち、会場は拍手で応えた。

いずれにせよ、オスカーの事件の直後、多くのコメディ・クラブが声明を出した。「ラフ・ファクトリー」は全国のクラブの電光掲示板に、クリス・ロックの顔写真とともに、「当クラブは、すべてのコメディアンの「合衆国憲法修正第一条」の権利をサポートします。クリス、コメディコミュニティはあなたの味方です」というメッセージを掲載した［写真４-８］。もちろん「合衆国憲法修正第一条」とは、

写真4−8　ラフ・ファクトリー・シカゴのビルボード。普段はここにその日の出演者の写真やショーの案内が載せられる。2023年3月、この直前にはウクライナを支援するメッセージが掲載された

アメリカの基本理念でもある表現の自由を意味する。ちなみにロックとシャペルの一件を受け、シカゴ支店でもセキュリティが強化され、入場に際し荷物検査がおこなわれるようになったほか、私たちが舞台に立っている間、舞台袖にセキュリティ・スタッフが配置されるようになった。

ニューヨークのクラブ、「スタンダップNY」も入り口にポスターを貼り出した。

「スタンダップコメディアンは社会を批評する役目を担っています。それは、とりわけこのカオスで不確かな時代においてより重要です。彼らは私たちを笑わせ、新しい視点をあたえてくれます。そして私たちが普段見ている現実とは違った見え方があると教えてくれる存在なのです。ですから彼らは守られなければなりません。コメディアンたちに対するヤジやいかなる身体的暴力もこのクラブでは禁じられています。もし破った場合、ウィ

ル・スミスのように泣きをみることになるでしょう」

あらためて、この一件で、アメリカにおいてスタンダップコメディアンが社会的に纏っている役割を認識させられた。ただ観客を笑わせるだけでなく「社会に新しい視点を届ける」存在。意見の異なる他者を笑わせる存在。それだけに、他者を無自覚に攻撃せぬよう、差別的な言辞を並べ立てぬよう、そしてラインを見誤らぬよう細心の注意と覚悟を持たなければいけない。

授賞式の翌日、「ラフ・ファクトリー・シカゴ」のオーナーでもあるカーティス・ショー・フラッグはFOXニュースに出演し、カメラに向かってこう締めくくった。

「コメディアンはときにセンシティヴで際どいジョークを言うかもしれません。そして、きっとこれからの時代、彼らには以前とは違った大きな責任とバランス感覚が求められることでしょう。しかし、私たちは、彼らがその言葉で、アメリカをよりよく変えられると信じているんです。コメディアンたちが変わっていくように、社会も、そして観客も変わっていくはずです。どうかスタンダップコメディを信じてください」

私もスタンダップコメディを心の芯で信じている。

おわりに

いつの間にか、スタンダップコメディアンとしての芸歴が一〇年を超えた。なんの自慢にもならない数字だが、自分なりにがむしゃらに駆け抜けてきた。観客がひとりしかいないバーでのショーも、四万人を前にしたショーも経験した。そして今も、出番を待つコメディ・クラブの楽屋で、この「おわりに」を書いている。ありがたいことに今日もチケットは売り切れらしい。

今、楽屋をぐるっと見渡すと、壁中にレジェンドたちの写真が飾られている。リチャード・プライヤー、ジョージ・カーリン、バーニー・マックにデイヴ・シャペル。たとえ大爆笑を取って浮かれ気味の夜でも、この楽屋に戻ってきて彼らヒーローの写真に囲まれると「お前なんてまだまだだぞ」と言われている気がして、いつも襟元を正さずにはいられない。と同時に、自分はそんな「歴史」の延長線上に位置する舞台に立っているのだ、と妙に感慨深くもなる。

デビュー以来、アメリカのスタンダップコメディをふたつの視点で見てきた。ひとつはシーンに身を置く「当事者」として。そしてもうひとつは、日本で生まれ育ち、異国の笑いを外から眺める「傍観者」として。分断やキャンセル・カルチャー、コロナ禍といったコメディアンにとっての荒波にさらわれまいと、必死にしがみつきながらも、どこかそんなアメリカをあえて客観的に見つめようと努めてきた。そして、それは「日本人」という単純な視点を超越して、自分というひとりの人間はなにを考え、なにを思うのか、という終わりのない問いなのだとも気づかされた。

この一〇年間でアメリカ、そしてアメリカのスタンダップコメディはたしかに変わった。そして、今なお時々刻々と変わり続けている。たかだか一〇年の間にこんなにも変わるのだから、長い歴史で見てみれば、その変化はきっと想像しえないレベルなのだろう。その只中で、これまで「当事者」たちは少しずつ芸のスタイルを変えながら「歴史」を作ってきた。そんな「歴史」を見つめながら、一冊の本が完成したことが嬉しくてしかたない。

そしていつかは、私自身が、スタンダップコメディアンとして、その「歴史」の断片に加わることができたらという願いが、明日への希望たりえている。

また、スタンダップコメディの「歴史」と「今」とを書いたこの『スタンダップコメディ入門』が後の時代にも読み継がれ、二〇二三年時点の「証言」になればとも願ってやまない。

最後に、いつの時代も、スタンダップコメディアンという「ひとり」で舞台に立つわれわれは、「ひとり」では決してなにも成し遂げられないということを再度強調したい。クラブのスタッフ、仲間のコメディアン、そして足を運ぶ観客がいて初めて私たちは「スタンダップコメディアン」として舞台に立つことができる。

　この本だって同じだ。多くの方々の支えでようやくこうして完成した。生まれながらの泥縄式の性分ゆえの遅筆っぷりで多大なご迷惑をおかけしたが、三〇歳の若輩者にこんな機会をくれたばかりか、手厚いサポートでここまで漕ぎ着けてくれた編集の沼倉康介さんには感謝しかない。また、シカゴのコメディ・コミュニティにも感謝したい。これまでのステージの経験すべてがこの一冊に込められていると思っている。大げさでなく、すべての人生の経験が糧になった。本書執筆に関わってくださったすべての方々にあらためて感謝を申し上げたい。そして、スタンダップコメディに「観客」が不可欠なのと同じで、こうして読んでくださる「読者」のみなさまがいて初めて、この『スタンダップコメディ入門』は完成となる。心からのお礼を申し上げたい。

　いつの日か、読者のみなさまとコメディ・クラブでお会いできることを楽しみにしている。

　それでは出番です！　It's a showtime!!

二〇二三年四月　「ラフ・ファクトリー・シカゴ」の楽屋にて

参考文献

Allie Echols, *Hot Stuff : Disco and The Remarking of American Culture*, W. W. Norton & Company, 2010

Audrey Thomas McCluskey, Richard Pryor: The Life and Legacy of a “Crazy” Black Man, Indiana University Press, 2008

Budd Friedman, Tripp Whetsell, The Improv: An Oral History of the Comedy Club that Revolutionized Stand-Up, BenBella Books, 2017

Elijah Wald, *How the Beatles Destroyed Rock 'n' Roll: An Alternative History of American Popular Music*, Oxford University Press, 2011

Eric Reese, Just Stand Up : A Tribute To Black Comedians, CreateSpace Independent Publishing Platform, 2017

George Carlin, *Brain Droppings*, Hachette Books, 1998

Henry Louis Gates Jr., The Signifying Monkey: A Theory of African-American Literary Criticism, Oxford University Press, 2014
（松本昇、清水菜穂監訳『シグニファイング・モンキー——もの騙る猿／アフロ・アメリカン文学批評理論』南雲堂フェニックス、二〇〇九年）

Kliph Nesteroff, *The Comedians : Drunks, Thieves, Scoundrels and the History of American Comedy*, Grove Press, 2015

Robert G. Lee, *Orientals : Asian Americans in Popular Culture*, Temple University Press, 1999

Ramon Lobato, *Netflix Nations: The Geography of Digital Distribution*, NYU Press, 2019

Margaret Hicks, *Mick Napier, Chicago Comedy : A Fairly Serious History*, The History Press, 2011

Matt Selou, *Mort Sahl : The Revolutionary*, CreateSpace Independent Publishing Platform, 2013

Nina G, Oj Patterson, *Bay Area Stand-Up Comedy: A Humorous History*, History PR, 2022

Shawn Levy, *In On the Joke: The Original Queens of Standup Comedy*, Doubleday, 2022

Tim Brooks, *The Blackface Minstrel Show in Mass Media: 20th Century Performances on Radio, Records*, Film and Television, McFarland, 2019

Vince Vieceli, *Stand-Up Comedy In Chicago (Image of America)*, Arcadia Publishing, 2014
Wayne Federman, *The History of Standup*, Independent, 2021
William Knoedelseder, *I'm Dying Up Here*, PublicAffairs, 2017
大和田俊之『アメリカ音楽史——ミンストレル・ショウ、ブルースからヒップホップまで』講談社選書メチエ、二〇一一年
大和田俊之『アメリカ音楽の新しい地図』筑摩書房、二〇二一年
兼子歩、貴堂嘉之『「ヘイト」時代のアメリカ史——人種・民族・国籍を考える』彩流社、二〇一七年
圀府寺司『ユダヤ人と近代美術』光文社新書、二〇一六年
小林信彦『日本の喜劇人』新潮文庫、一九八二年
高平哲郎『スタンダップ・コメディの勉強——アメリカは笑っている』晶文社、一九九四年
デイブ・スペクター『It's Only A Joke』CAT BOOKS、一九八四年
長谷川町蔵『21世紀アメリカの喜劇人』スペースシャワーブック、二〇一三年
みのわあつお『サタデー・ナイト・ライブとアメリカン・コメディ——ジョン・ベルーシからジャック・ブラックまで』フィルムアート社、二〇〇七年
村上由見子『イエローフェイス——ハリウッド映画にみるアジア人の肖像』朝日選書、一九九三年
森岡裕一、片渕悦久『新世紀アメリカ文学史——マップ・キーワード・データ』英宝社、二〇〇七年

p.171 “Richard Pryor” by Marianna Diamos, Los Angeles Times, Wikimedia commons, CC:BY 4.0, https://commons.wikimedia.org/wiki/File:Richard_Pryor,_1976.jpg

p.181 “Jim Carrey” by Noemi Nuñez, Wikimedia commons, CC:BY-SA 2.0, https://commons.wikimedia.org/wiki/File:Jim-Carrey-2008.jpg

p.195 “BoBurnham” by Phil Provencio, Wikimedia commons, CC:BY,-SA 2.0 https://commons.wikimedia.org/wiki/File:BoBurnham.jpg

p.207 “Dave Chappelle” by John Bauld, Wikimedia commons, CC:BY 2.0, https://commons.wikimedia.org/wiki/File:Dave_Chappelle_(42791297960)_(cropped).jpg

p.213 “Kevin Hart” by Eva Rinaldi, Wikimedia commons, CC:BY 2.0, https://commons.wikimedia.org/wiki/File:Kevin_Hart_2014_(cropped_2).jpg

p.224 “Rob Schneider”, Wikimedia commons, PD, https://commons.wikimedia.org/wiki/File:Rob_Schneider,_USO_tour,_Nov_16_2001.jpg

p.227 “Chris Rock” by Andy Witchger, Wikimedia commons, CC:BY 2.0, https://commons.wikimedia.org/wiki/File:Chris_Rock_-_Orpheum_Theatre_Minneapolis_3_17_(33336280016).jpg

p.241 “Jim Gaffigan”Wikimedia commons, CC:BY-SA 2.0, Alan Gastelum, https://commons.wikimedia.org/wiki/File:Jim_Gaffigan_making_a_goofy_excited_face,_Jan_2014,_NYC_(cropped).jpg

p.250 “George Lopez”, Wikimedia commons, PD, https://commons.wikimedia.org/wiki/File:George_Lopez_2019.jpg

p.261 “Nikki Glaser” by Lisa Gansky, Wikimedia commons, CC:BY 2.0, https://commons.wikimedia.org/wiki/File:Nikki_Glaser.jpg

その他の写真はすべて著者が撮影したものです。

図版出典

p.18 "Robin Williams" by Eva Rinaldi, Wikimedia commons, CC:BY 2.0, https://commons.wikimedia.org/wiki/File:Robin_Williams_2011a_(2).jpg

p.51 "Ali Wong" by CleftClips, Wikimedia commons, CC:BY 2.0, https://commons.wikimedia.org/wiki/File:Ali_Wong_2012.jpg

p.55 "Joe rogan" by Rebecca Lai, Wikimedia commons, CC:BY 2.0, https://commons.wikimedia.org/wiki/File:Joerogan.jpg

p.59 "Jerry Seinfeld" by Raph_PH, Wikimedia commons, CC:BY 2.0, https://commons.wikimedia.org/wiki/File:SeinfeldEventimLate120719-3.jpg

p.82 "Charles Farrar Brown"Wikimedia commons, PD, https://commons.wikimedia.org/wiki/File:Harvard_Theatre_Collection_-_Charles_Farrar_Brown_TCS_1.3788_-_cropped.jpg

p.89 "Bert Williams"Wikimedia commons, PD, https://commons.wikimedia.org/wiki/File:Bert_Williams_-31_LCCN2004674530.jpg

p.99 "Freeman Gosden Charles Correll Amos n Andy" Wikimedia commons, PD, https://commons.wikimedia.org/wiki/File:Freeman_Gosden_Charles_Correll_Amos_n_Andy.JPG

p.111 "Rodney Danagerfield" Wikimedia commons, PD, https://commons.wikimedia.org/wiki/File:Rodney_Danagerfield_1972-1.jpg

p.125 "Ed Sullivan" Wikimedia commons, PD, https://commons.wikimedia.org/wiki/File:Ed_Sullivan.jpg

p.129 "Johnny Carson Woody Allen The Tonight Show" Wikimedia commons, PD, https://commons.wikimedia.org/wiki/File:Johnny_Carson_Woody_Allen_The_Tonight_Show_1964.jpg

p.132 "Mort Sahl" Wikimedia commons, PD, https://commons.wikimedia.org/wiki/File:Mort_Sahl_-1.jpg

p.136 "Lenny Bruce arrest" Wikimedia commons, PD, https://commons.wikimedia.org/wiki/File:Lenny_Bruce_arrest.jpg

p.141 "Joan Rivers" Wikimedia commons, PD, https://commons.wikimedia.org/wiki/File:Joan_Rivers_1987.jpg

p.152 "George Carlin" Wikimedia commons, PD, https://commons.wikimedia.org/wiki/File:George_Carlin_1969.JPG

p.168 "Dick Gregory" Wikimedia commons, PD, https://commons.wikimedia.org/wiki/File:Dick_Gregory.jpg

スタンダップコメディ年表

西暦	コメディの出来事	日本での出来事
1832	「ミンストレルの父」トーマス・D・ライスがフィラデルフィアとニューヨークで公演を成功させる	
1842	ヴァージニア・ミンストレルズが結成され、東海岸のみならず、中西部や南部へツアー公演	
1857		上野に本牧亭が開場
1861	アルテマス・ワードのコメディ講演『Babies In The Wood』がコネティカット州のニューロンドンでおこなわれる	
1865	「ヴォードヴィルの父」トニー・パスターが自身の劇場をオープンする	
1869	マーク・トウェイン、講演ツアーを開始	
1877	トマス・エジソンが再生機能のみだった蓄音機を改良し、録音再生が可能な猟管式蓄音機を発明	
1888	マーシャル・P・ワイルダーがコメディアンとして初となるネタのレコーディングをおこなう	
1900		川上音二郎がヨーロッパ公演を行い、オッペケペー節が流行

1903	ヴォードヴィリアン、バート・ウィリアムズがブロードウェイ・ミュージカル『イン・ダホメ』に黒人として初主演	
1905		落語の理念を追求し、継承をはかる目的で「落語研究会」旗揚げ
1912		吉本せいが大阪で寄席の経営を始める。後の吉本興業
1913	フランク・フェイがパリス・シアターでホストに抜擢され、一二週連続で公演 ジョー・ヘイマンのアルバム『コーエン・オン・ザ・フォン』がコメディ・アルバムとして初のミリオンヒット	
1916	ウィル・ロジャーズがボルティモアの公演中、大統領を前に政治ジョークを披露	浅草オペラが最初の公演をおこなう
1920	ペンシルベニア州ピッツバーグのラジオ局ＫＤＫＡが初の商業ラジオ放送をおこなう。大統領選でのウォーレン・ハーディングの勝利を伝えた	
1922	フレッド・アレンがジーグフェルド・フォーリーズで披露したイン・ワンが話題に	
1923		落語協会設立
1925		東京芝浦のスタジオから社団法人東京放送局（現在のＮＨＫ東京放送局）がラジオ放送を開始
1926	ラジオ局、ＮＢＣがニューヨークで開局	
1927	世界初の商業トーキー映画『ジャズ・シンガー』公開	
1928	ラジオドラマ『エイモス＆アンディ』が放送開始	
1929	ラジオ局、ＣＢＳがニューヨークで開局	

西暦	コメディの出来事	日本での出来事
1933		古川ロッパが浅草で「笑の王国」を旗揚げ 横山エンタツと花菱アチャコが漫才『早慶戦』を発表
1937	ボブ・ホープの冠ラジオ番組『ペプソデント・ショー』が放送開始	
1941	デンバー・ファーガソンが黒人による黒人のためのブッキング・エージェンシー「ファーガソン・エージェンシー」設立。チトリン・サーキットの契機に	榎本健一主演の映画『エノケンの孫悟空』が大ヒット
1946	ディーン・マーティンとジェリー・ルイスがコンビを結成し、ニュージャージ州のナイト・クラブでデビュー	
1948	ルー・ホルツを『ヴァラエティ』誌が「スタンダップ・コミック」と歴史上初めて表記 NBCでミルトン・バールが司会を務めるテレビ番組『テキサコ・スター・シアター』放送開始 CBSでテレビ番組『トースト・オブ・ザ・タウン』が放送開始。後の『エド・サリヴァン・ショー』	曾我廼家五郎一座と松竹家庭劇が合流する形で『松竹新喜劇』が発足
1950		トニー谷がデビュー。以後占領期の日本で人気を博す
1953	モート・サールがサンフランシスコのジャズクラブ、ハングリー・アイでデビュー	NHKと日本テレビがテレビの本放送開始
1954	NBCで『トゥナイト・ショー』放送開始。初代司会者はスティーヴ・アレン	
1959	シカゴでインプロ・シアター、セカンドシティがオープン シェリー・バーマンのアルバム『Inside The Shelley Berman』がライブ・アルバムとして初のゴールド認定。翌年、グラミー賞に新設された最優秀コメディ・アルバム部門受賞	吉本興業が『吉本ヴァラエティ(後の吉本新喜劇)』を同年オープンしたうめだ花月で初上演 フジテレビ開局。コント番組『おとなの漫画』にハナ肇とクレイジーキャッツが出演

1961	シカゴにて、ディック・グレゴリーが黒人初となるクラブ・ショーでのヘッドライナーを務める レニー・ブルースがサンフランシスコでステージ中の卑語によって逮捕される	NHKで『夢であいましょう』が放送開始、バラエティの草分けに 日本テレビで『シャボン玉ホリデー』放送開始、クレイジーキャッツが国民的な人気に
1962	ジョニー・カーソンが『トゥナイト・ショー』の司会に就任	
1963	ニューヨークにコメディクラブ「インプロヴ」の前身となる「インプロヴィゼーション・カフェ」がオープン	
1964	ビル・コスビーがNBCで冠番組『I Spy』に出演	
1965	ジョーン・リヴァースが『トゥナイト・ショー』にデビュー	
1966		日本テレビで『笑点』放送開始、初代司会は立川談志
1968	NBCでローワン&マーティンの『Laugh-In』放送開始	
1969	イギリスBBCで『空飛ぶモンティ・パイソン』放送開始	TBSで『8時だョ！ 全員集合』が放送開始、国民的人気番組に
1971		日本テレビで『スター誕生!』を放送開始、初代司会に萩本欽一。冠番組の視聴率の合計から「視聴率100%男」の異名
1972	ロサンゼルスに最初のコメディ専用劇場「コメディ・ストア」がオープン	TBSで『ぎんざNOW!』が放送開始
1975	NBCで『サタデー・ナイト・ライブ』放送開始。最初のホストはジョージ・カーリン HBOが有料ケーブル放送を開始。ロバート・クラインが初のコメディ・スペシャルをリリース	

西暦	コメディの出来事	日本での出来事
1977		フジテレビで『ドリフ大爆笑』が放送開始
1978	最高裁で「わいせつな言葉を含むラジオ放送を政府が禁止することができる」という「FCC対パシフィコ判決」が下る	落語協会分裂騒動
1979	リチャード・プライヤーの史上初となるスタンダップコメディ映画『ライブ・イン・コンサート』が大ヒット コメディ・ストアでギャラの支払いをめぐりコメディアンとクラブが対立。ストライキへ発展	明石家さんまがMBSラジオ『ヤングタウン』のパーソナリティに就任
1980		フジテレビで『THE MANZAI』が放送開始。漫才ブームのきっかけに。横山やすし・西川きよしらが人気に
1981		ニッポン放送で『ビートたけしのオールナイトニッポン』放送開始 フジテレビで『オレたちひょうきん族』放送開始
1982	NBCで『レイトナイト・ウィズ・デイヴィッド・レターマン』が放送開始	吉本興業が養成所である吉本総合芸能学院(通称NSC)を大阪に開校。一期生にダウンタウンら フジテレビで『森田一義アワー 笑っていいとも!』放送開始
1983	エディ・マーフィーのスペシャル『デリリアス』が大ヒット	
1985		『オールナイトフジ』から派生した『夕やけニャンニャン』への出演でとんねるずがブレーク テレビ朝日で「天才・たけしの元気が出るテレビ!!」放送開始

1986	ＨＢＯでチャリティー・コメディ番組『コミック・リリーフ』が放送	フジテレビで『志村けんのバカ殿様』放送開始
1988	オルタナティヴ・コメディの『アン・キャバレー』がロサンゼルスで上演開始	
1989	ＮＢＣでシットコム『となりのサインフェルド』放送開始 Ｆｏｘでアニメ『シンプソンズ』放送開始	日本テレビで『ダウンタウンのガキの使いやあらへんで!!』が放送開始
1990	アンドリュー・ダイス・クレイがスタンダップコメディアンとして初のマディソン・スクエア・ガーデンでの公演を成功させる	毎日放送で『オールザッツ漫才』が放送開始
1991	コメディ専門ケーブル局「コメディ・セントラル」が開局	
1992	ジョニー・カーソンが『トゥナイト・ショー』を引退 ＨＢＯが『デフ・コメディ・ジャム』を放送開始	フジテレビで『タモリのボキャブラ天国』放送開始。海砂利水魚（現くりぃむしちゅー）や爆笑問題が出演し後の「ボキャブラ・ブーム」へ
1993	ニューヨークのクラブ「キャッチ・ア・ライジング・スター」が経営不振で閉店	
1994	この年ハリウッドでもっとも稼いだ俳優がコメディアンのジム・キャリーに	
1995	ロドニー・デンジャーフィールドがコメディアンとして初となる自身のウェブサイトを開設	『めちゃ2イケてるッ!』の前身番組、『めちゃ2モテたいッ!』がフジテレビで放送開始、ナインティナインらが出演 5代目柳家小さん、落語家として初の人間国宝に
1996	シカゴで結成されたアップライト・シチズンズ・ブリゲードがニューヨークへ進出 コメディ・セントラルで政治風刺ショー『ザ・デイリー・ショー』放送開始	
1997	コメディ・セントラルでアニメ『サウスパーク』放送開始	

西暦	コメディの出来事	日本での出来事
1999		NHKで『爆笑オンエアバトル』放送開始
2000	オリジナル・キングス・オブ・コメディがアリーナツアーと映画を成功させる	
2001		テレビ朝日で漫才の賞レース番組『M-1グランプリ』放送開始、初代王者に中川家 フジテレビで『はねるのトびら』放送開始
2002		フジテレビでピン芸の賞レース番組『R-1グランプリ』（Rはもともと「落語」の頭文字）が放送開始、初代王者にだいたひかる
2003	デイン・クックがMySpaceを開設し、一〇〇万人を超すファン・コミュニティを形成 NBCで賞レース番組『ラスト・コミック・スタンディング』放送開始	日本テレビで『エンタの神様』放送開始、平成のお笑いブームのきっかけに
2004	ネットフリックスが最初のオリジナル・コメディ『Comedians of Comedy』を製作	
2005	アップル社が新機能「ポッドキャスト」を発表	
2006	Twitterがサービスを開始。多くのコメディアンが使用を開始する マイケル・リチャーズがステージ上でNワードを連発している映像が拡散しキャンセルされる ボーバーナムがYouTubeに自作のコメディ・ソングをアップロード。一〇〇万再生を記録	

2008		TBSでコントの賞レース番組『キング・オブ・コント』放送開始、初代王者にバッファロー吾郎
2009	TBSで『ロペス・ショー』放送開始。ジョージ・ロペスがテレビでラテン系として初のホストに	
2010	ルイ・C・K脚本・主演のドラマ『ルイ』がFXで放送開始	
2013	キャシー・グリフィンの二〇作目のスペシャルがリリースされ、歴代最多としてギネスブックに認定	
2014	ジミー・ファロンが『トゥナイト・ショー』の司会に。スタジオをロサンゼルスからニューヨークに戻す	
2015	スティーヴン・コルベアがCBSのレイトショーをニューヨークで開始	テレビ朝日『フリースタイルダンジョン』にて「コンプラ」というテロップ表示が導入される
2016	トランプの大統領選勝利を受け、ケイト・マッキノンが『サタデー・ナイト・ライブ』内で《ハレルヤ》を歌唱	
2017	デイヴ・シャペルがネットフリックスと大型契約を結び、スペシャルでステージにカムバック	日本テレビが『女性芸人No.1決定戦 THE W』を放送開始、初代王者にゆりやんレトリィバァ
2018	ケヴィン・ハートがオスカーの司会者を過去のホモフォビックなツイートにより辞退 ミシェル・ウルフの大統領晩餐会でのネタが炎上	霜降り明星がM-1グランプリを最年少で制覇。「お笑い第七世代」ブームへ
2019	アーメッド・アーメッドが舞台上のジョークにより通報を受け、取り調べを受ける	

西暦	コメディの出来事	日本での出来事
2020	新型コロナ・ウイルスが世界中を襲う中、コメディクラブの閉鎖が相次ぐ	講談師の神田松之丞が真打ちに昇進、神田伯山を襲名
2021	デイヴ・シャペルのトランスジェンダーにまつわるジョークでネットフリックス社員がボイコット	
2022	クリス・ロックがオスカーの授賞式でウィル・スミスにビンタされる デイヴ・シャペルがステージ上で暴漢にタックルを受ける ニューヨークのクラブ「キャロラインズ・オン・ブロードウェイ」が閉店	
2023	ネットフリックスが初となる全世界同時ライブ中継をクリス・ロックとともに製作	

Regular　クラブにレギュラー出演すること、またレギュラー出演しているコメディアンのこと

Spot　コメディアンが舞台に立てる「ステージ枠」のこと。限られたスポットを奪い合う仕事でもある

Booker　ショーのブッキングを担当する役職。クラブの場合、オーナーが兼ねていることも多い。レギュラーコメディアンは二ヶ月ほど前に自らのスケジュールをブッカーにメールし、スポットを得る

Green Room　楽屋のこと

Hangout　コメディアン同士がクラブのバーエリアで交流、もしくはネットワーキングをおこなうこと。ショーのあとの「After Hang」でブッキングされることもしばしば

Light　ネタの残り時間が少ないことを知らせる合図。通常携帯のLEDライト（懐中電灯）やクラブ内に設置されたランプで終了の2分から5分前に知らせる。コメディアンが時間をオーバーしないように楽屋にはしばしば「Respect the light.（ライトを尊重せよ＝持ち時間厳守）」の注意書きが

Double Up　一晩にふたつのショーに出演すること。3本の場合は「Triple Up」という

Walk Up Song　コメディアンが舞台に上がるときにかかる曲、出囃子。クラブのサウンド担当がかける

観客に関する用語

Full House　満員のショー、もしくは満員の状態のこと

Heckler　ヤジを飛ばしてくる観客のこと

Hot Crowd　ウケのいい客席のこと

実績に関する用語

Credit　これまでの「実績」のこと。テレビやラジオの出演歴はもちろん、コメディ・フェスティバルなどへの出演歴も含まれる

Clip　コメディアンのネタ映像のこと。たいていの場合、5分程度のものを指し、ビデオ審査のためにショーやフェスティバルの主催者に送る

Bio　これまでの実績を記した200~300語ほどの実績紹介。クリップとともに主催者に送る

Special　観客の前でネタをしている様子を撮影した長尺のライブ動画。HBOやネットフリックスでのスペシャルはもちろん、近年ではYouTubeに投稿するパターンも

Album　観客の前でネタをしている様子を録音した長尺のライブ音声作品。ストリーミングでも多く聴かれている

Social Media Famous　ソーシャルメディア上で人気のあるコメディアン、人物のこと。実力が伴っていないことを揶揄する文脈でも用いられる

Dad Joke　「お父さん」が言いそうなジョーク。日本語で言う「親父ギャグ」
Inside Joke　一部の人にのみわかる、いわゆる「楽屋オチ」
Dark Humor　死や怪我などタブー視されがちな話題をブラックジョークにするスタイルの笑い
Sarcastic Humor　「Sarcasm（嫌味）」を含む皮肉っぽいユーモア
Dry Humor　落ち着いたトーンで淡々と皮肉めいたネタをするスタイル。Deadpanとほぼ同義
Observational Humor　人々やものごとを観察して切り取り、描写することで笑いにするスタイル
Physical Comedy　身体を使ったユーモア
Satire　社会を風刺して笑いにするスタイル
Witty　ウィットに富んだジョークやスタイル
Political Humor　政治を話題にして笑いにするスタイル。Political Satire＝政治風刺
Offensive Humor　攻撃的なネタのスタイル
Blue Material　下ネタのこと。おもにセックスなどを話題にするネタ
Slapstick　動きや顔芸、ドタバタで笑わせるスタイル
Clean　放送禁止用語や性的な話題を用いることのないネタやスタイル。その度合いによって、「TVクリーン（テレビで放送可能なレベル）」や「チャーチ・クリーン（教会でもできるレベル）」などさまざまな呼び方がある
Riff　用意されたスタイルではなく、舞台上で生み出すアドリブの笑い
Adlib アドリブ
Written Material　アドリブやリフの対義語。あらかじめ書かれたジョークのこと
Heavy Hitter　大爆笑を取ることのできるコメディアンのこと
Hack　陳腐で、手垢のついたネタをするコメディアンのこと
Double　ふたり組で舞台に立つスタイルのコメディアン。Duoともいう
Fool　ふたり組のコメディアンのうち、「ボケ」に相当する役割
Straight　ふたり組のコメディアンのうち、「ツッコミ」に相当する役割
Stage Presence　舞台上での佇まいや存在感、自信のこと。コンペティションで審査項目になる
Laugh Track　テレビなどで、のちに編集で付け加えられる笑い声のこと
Beep　放送禁止用語を喋った際に上から重ねられる「ピー音」のこと

コメディ・クラブに関する用語

Comedy Club　スタンダップコメディの専用劇場
Home Club　そのコメディアンがもっとも頻繁に出演するコメディクラブのこと。ニューヨークなどでは各クラブの縄張り意識が強く、他のクラブに出演することが許されない場合も

催の許可を得て、5分程度のネタを飛び入りでかけること

ショーの形式に関する用語

Open Mic/Mic　誰でもサインアップすれば舞台に立てるアマチュアショー。3分から5分のネタをすることができる。バーなどを貸し切り、町中のいたるところでおこなわれている。単に「マイク」とも呼ばれる

Paid Gig　ギャラの支払われるショーのこと

Club Show　コメディクラブが主催し、コメディアンをブッキングするショーのこと

Indie Show　コメディアンが主催し、企画からブッキング、宣伝までをおこなうショーのこと

Showcase　5人から10人のコメディアンがほぼ均等な時間ステージに立ち、ネタをかけるショーのこと

Headliner Show　ヘッドライナーが存在するショーのこと

Corporate Show　企業が主催し、コメディアンを招いて社内のイベントでおこなうショーのこと。通常ギャラがよいのでコメディアンにとって大きな収入源となる

College Show　大学が主催し、コメディアンを招いておこなうショー。大規模な予算のことが多く、ギャラもいい。カレッジショー専門のエージェントもいるほど

Bringer Show　コメディアンが観客を連れてくることを求められているショー。「ノルマ」が設けられていることも。アマチュアショーでよく見られる

コメディアンのレベルに関する用語

Open Miker　オープンマイクに出ているコメディアンのこと。まだ駆け出しのアマチュアであることを指すことが多い

Working Comedian　ショーに出演し、ギャラをもらえるコメディアンのこと

Full Time Comedian　「Day Job（昼間の仕事）」をせずに、おもにコメディだけで生活をしているコメディアンのこと

Touring Comedian　コメディアンとしての拠点を持つことなく、おもにツアー公演をおこなうコメディアン。「ロード・コメディアン」とも

スタイルに関する用語

One Liner　ひとことネタをテンポよく繰り出すスタイルのコメディアン

Storyteller　起承転結を持つ長尺の「ストーリー」を話すスタイルのコメディアン

Deadpan　感情をあらわにすることなく、淡々と、無表情にネタをするスタイル

Low-Key　声を荒げたり、ハイテンションになったりせずに、抑えめな態度でネタをかけるスタイル

Impressionist　モノマネをネタの中で多用するスタイルのコメディアン

Pun　ことば遊びやダジャレ

Variety Show　スタンダップコメディのみならず、インプロやスケッチ、音楽や詩の朗読などが混ざり合うショーのこと
Game Show　クイズや何かしらの課題をこなしたり、得点を競い合いながら展開されるコメディのショーのこと

成功編

Kill/Destroy/Crush/Murder　コメディアンが観客を爆笑させること
Die/Crack Up　観客が大爆笑すること
Read The Room　会場の空気を読むこと

失敗編

Bomb/Die　コメディアンが笑いを取れずに「スベる」こと
Cotton Mouth　コメディアンがスベりすぎるあまり、舞台上で口がカラカラに乾いてしまうこと
Chewing The Scenery　笑わせようと必死になるあまり、演技じみて不自然に見えたり、空回りして失敗してしまうこと
Smelling The Road　ツアー公演で遠征に出る際、その地域に合わせたネタをしようとするあまり、迎合しすぎてしまうこと
Clapter　観客がコメディアンに同意し拍手を送るが、笑うほど面白いわけではない状況、またはネタのこと

役割に関する用語

Headliner　看板コメディアン。自らの名前を冠したショーで45分から60分のネタをその日の最後にかける「大トリ」のコメディアン
Host　司会を務めるコメディアンのこと。通常最初にステージに上がり、会場をあたためたのち、順番にコメディアンをステージに呼び込む役目。各コメディアンの出番が終わるたびに舞台に上がり、次のコメディアンを紹介する。「MC」と呼ぶクラブもある
Featured　ヘッドライナーショーで、ヘッドライナーの前に20分ほどのネタをするコメディアンのこと。前座
Opener　「フィーチャード」や「ホスト」のようにヘッドライナーの前にネタをするコメディアンの総称
Closer　「ショーケース」において「大トリ」を任されるコメディアンのこと。60分のネタをするヘッドライナーと違い、あくまでも15分程度のネタをおこなうその日の最終コメディアンのこと
Drop-In　ショーケースに「飛び入り」で出演するコメディアン、またはその「枠」のこと。ロサンゼルスなどでは、テレビや映画で活躍する大物であることも
Guest Spot　正式にブッキングされているわけではないものの、ヘッドライナーやショーの主

スタンダップコメディ用語辞典

「ネタ」を指す言葉

Material / Set　スタンダップコメディにおける「ネタ」のこと
Routine　スタンダップコメディにおける「ネタ」のこと。とりわけ繰り返し十八番として用いている「ネタ」を指すことが多い
Tight 5　自信のある5分間の「てっぱんネタ」のこと。オーディションなどで披露する、短いが自分がもっとも得意とするネタのこと

ネタの種類に関する用語

Joke　笑いどころを含んだ短い話。ジョーク
Bit　「ジョーク」に背景ストーリーや「前フリ」が付け加えられたもの
Beat　笑いを生み出すために必要な「間」と「緩急」
Delivery　オチにたどり着き、そこでの笑いを際立たせるための「前フリ」のこと。またもっと広い意味でコメディアンの「話芸」そのものを指すことも
Set Up　オチにたどり着き、そこでの笑いを際立たせるための「前フリ」のこと
Punchline　ジョークの中でも、観客を笑わせるパートである「オチ」のこと
Tag　すでに用いたジョークやパンチラインを繰り返し用いることで、観客をもう一度笑わせること。「天丼」
Callback　過去に話した題材を参照し、それをオチに持ってくることで笑いを生む手法。伏線を回収する笑い
Crowd Work　客いじり。多くは客席に向かって話しかけ、会話をすることで笑いを生む
Come Back　ヤジに対する言い返し、反撃のこと
Roast　他者をからかったり、いじったりして笑いを取ること。コメディアン同士のロースト・バトルも
Warm Up　ショーの序盤に観客の雰囲気を盛り上げ、会場を温めること

コメディのジャンルに関する用語

Sketch　スケッチ。日本語でいう「コント」と同義。あらかじめ書かれた脚本を舞台上で演じるコメディのこと
Improv　インプロ。即興劇。観客からお題をもらい、即興で笑いを作り上げるコメディのこと
Roast Battle　舞台上でコメディアン同士が順番に互いをいじり合い、どちらがより相手に手痛いパンチを浴びせることができたかを競うコメディ
Alternative Comedy　もともとは非商業的でアングラ的なコメディを指したが、現在では、独創的な特徴やコンセプトを持ったショー全般を指す。「オルト・コメディ」とも

マ

ラ

タ

ナ

ハ

人名索引

Saku Yanagawa

1992年生まれ。アメリカ、シカゴを拠点に活動するスタンダップコメディアン。

これまでヨーロッパ、アフリカなど10カ国以上で公演をおこなう。シアトルやボストン、ロサンゼルスのコメディ大会に出場し、日本人初の入賞を果たしたほか、全米でヘッドライナーとしてツアー公演。日本ではフジロックに出演したほか、2021年フォーブス・アジアの選ぶ「世界を変える30歳以下の30人」に選出。シカゴで初の国際コメディフェスティバル「ワールド・コメディ・エキスポ」の芸術監督を務めるほか、年間400本以上のステージに出演。大阪大学文学部、演劇学・音楽学専修卒業。

著書に『Get Up Stand Up! たたかうために立ち上がれ！』（産業編集センター）がある。

スタンダップコメディ入門
「笑い」で読み解くアメリカ文化史

2023年 6月30日 初版発行

著者
Saku Yanagawa

ブックデザイン
加藤賢策（LABORATORIES）

編集
沼倉康介（フィルムアート社）

発行者
上原哲郎

発行所
株式会社フィルムアート社
〒150-0022
東京都渋谷区恵比寿南1-20-6 第21荒井ビル
tel 03-5725-2001 fax 03-5725-2626
http://www.filmart.co.jp/

印刷・製本
シナノ印刷株式会社

ISBN978-4-8459-2137-9 C0074